BUT MAKE IT CLASSY!

Teresa Reichl ist Germanistin, Literaturnerd und Autorin. Als Slam-Poetin und Kabarettistin hat sie diverse Meisterinnentitel und Preise geholt. Auf Instagram (@teresareichl), Tiktok und Youtube wird sie von mehreren Tausend Menschen gefeiert. Denn: Teresa Reichl geht den Erzählungen der großen Autor*innen auf den Grund, um Jugendlichen die Freude am Lesen zu vermitteln, den literarischen Kanon diverser zu gestalten und vor allem, um Literatur(unterricht) endlich feministisch zu machen.

Hanna Wenzel zeichnet als freischaffende Illustratorin für Agenturen und Verlage. Schon vor ihrem Studium der Kommunikationsgestaltung schuf sie Illustrationen und Graphic Novels, die sie seit einigen Jahren auch selbst publiziert. Ihre Zeichnungen zeigen vor allem Alltagsthemen, dabei legt die Illustratorin großen Wert auf kleine Gesten und filigrane Details.

BUT MAKE IT CLASSY!

Teresa Reichl

Mit Bildern von
Hanna Wenzel

CARLSEN

Carlsen-Newsletter: Tolle Lesetipps kostenlos per E-Mail!
Unsere Bücher gibt es überall im Buchhandel und auf carlsen.de.

Originalausgabe
Juni 2024

Völckersstraße 14–20, 22765 Hamburg
Umschlaggestaltung und -typografie: © Felix Schlüter, TYPEHOLICS
unter Verwendung einer Illustration von Hanna Wenzel
Innenillustrationen: Hanna Wenzel
Projektmanagement: Rebecca Jaacks, Veronika Herzog
Lektorat: Judith Schneiberg, Helen Oppen
Layout, Satz und Herstellung: Karen Kollmetz
ISBN: 978-3-551-32179-4

INHALT

VORWORT

Servus und herzlich willkommen zu *But Make It Classy!*, dem Buch in eurem Bücherregal, in dem ich euch literarische Klassiker erkläre! Was seinen Anfang mit einer leicht angesoffenen Teresa in ihrem WG-Zimmer während des Lockdowns genommen hat, ist jetzt ein richtiges, echtes Buch geworden – ich komm auf mein Leben nicht klar.

Erst mal aber ganz von vorne: Hallo. Ich bin Teresa, ich habe Deutsch auf gymnasiales Lehramt studiert und liebe Klassiker ein bisschen doller, als es gut für einen Menschen ist. Deshalb rede ich auch gern über Klassiker. Was mich aber immer schon gestört hat, ist, *wie* über diese Literatur geredet wird. Nämlich so, dass ich mir als bayerisches Dorfkind oft so dämlich vorkam, dass ich mich dann doch nicht getraut habe, mitzureden. Als dann Corona die Welt stillgelegt hat, saß ich in meinem Zimmer und dachte: Jetzt gibt's keine Ausrede mehr, Teresa. Du wolltest mit 15 schon Youtuberin sein, aber warst zu feige, jetzt hast du zu viel Zeit und nichts zu verlieren, also ab mit dir, sag was dazu!« Per Video kann mir immerhin niemand dreinreden.

Mein erster Ansatz, wie ich ein bisschen Fun in klassische Literatur bringen wollte, war der, den man in Bayern beigebracht bekommt, wenn etwas Spaß machen soll: Alkohol trinken. Ich hab mir also zwei Weißweinschorlen in den Kopfbahnhof geschaffnert, mich ohne Skript vor mein Handy gestellt und *Faust* erklärt. Das nannte ich dann »Drunk Classics« und hab es ins Internet geballert.

Mit der Zeit habe ich dann gemerkt, dass ich auch lustig sein kann, ohne angetüdelt zu sein. Außerdem hasst der Youtube-Algorithmus das Wort »drunk«, also habe ich das Format in »but make it classy« umbenannt – und hier sind wir!

Ehrlich gesagt habe ich damit gerechnet, wütende Drohmails von diversen Lehrkräften zu bekommen, aber genau das Gegenteil ist passiert: Meine Videos wurden Teil des Unterrichts. Da fand ich es nur konsequent, aus meinen Literatur-Videos ein echtes Buch zu machen, und das haltet ihr nun in euren Händen.

Wir werden uns verschiedene Werke aus verschiedenen Epochen anschauen. Die meisten sind klassische Klassiker (haha), aber ich habe es mir auch erlaubt, ein paar Werke einzuschmuggeln, die meiner Meinung nach klassischere Klassiker sein sollten. Vorneweg gibt's auch immer eine kurze Übersicht über die Epoche, klar, Ehrensache.

Aus rechtlichen Gründen sei noch gesagt: Dieses Buch ist KEIN Ersatz dafür, die Werke zu lesen. Ich übernehme keinerlei Haftung für schlechte Noten oder Anschiss von eurer Lehrkraft.

Ob ihr nun eine Lehrkraft seid, die ihren Unterricht fresher machen will, ob ihr mit diesem Buch Stoff für die Schule oder fürs Studium wiederholen wollt oder ob eure Eltern euch das Buch zum Eintritt in die Oberstufe geschenkt haben, weil die Buchhändlerin meinte, das sei »total cool« – auf jeden Fall danke fürs Reinlesen, herzlich willkommen, lasst uns loslegen!

carpe diem

BAROCK (1620–1720)

Den Barock könnte man von mir aus sehr gut in drei Worten zusammenfassen: Regeln, Tod und Religion. Letztere war in der Zeit des Barocks wahnsinnig wichtig für die Menschen in Deutschland, Religion schrieb alles vor – allerdings waren sich die Leute nicht einig, welches Christentum nun das richtige ist. Katholizismus und Protestantismus standen in einem ständigen Battle gegeneinander und niemand wollte auch nur einen Millimeter weichen. Das ging so weit, dass der Landesherr entscheiden durfte, welcher Religion sich die Region zuzuordnen hatte, über die er herrschte (und ja, das waren alles Männer – Frauen durften nicht herrschen). Wer also eigentlich katholisch war, aber in einem protestantischen Gebiet wohnte, musste entweder die Religion wechseln oder den Wohnort, andere Optionen gab es nicht. Daran sieht man ganz hervorragend, wie sehr es den Fürsten um die Religion an sich ging und wie wenig um bloße Machtausübung. Natürlich. Man ist schließlich nur ein guter Christ, wenn man alle anderen zwingt, dasselbe zu glauben wie man selbst.

Eskaliert ist dieser Kampf im Dreißigjährigen Krieg, in dem die katholischen süddeutschen Staaten gegen die protestantischen norddeutschen kämpften, sich diverse andere Länder wie Frankreich und Dänemark einmischten und Deutschland komplett im Notstand versank.

Es gab also Krieg, Krisen in Handel und Landwirtschaft, Hungersnöte, Plünderungen und Gewalttaten durch Soldaten, Krankheiten und Seuchen, daraus resultierend auch die Verfolgung von »Hexen« und jüdische Menschen, denen vorneweg die Kirche gerne die Schuld an insgesamt allem gab, was sie teilweise selbst verursacht hatte. Die Bevölkerung, besonders die auf dem Land, war komplett verarmt. Da wundert es mich wirklich nicht, dass man sich mit allem, was man hatte, an einen Gott geklammert hat, der zum Schluss schon alles richten würde.

Gleichzeitig entwickelten sich aber auch erste Wissenschaften, die nach und nach beweisen konnten, dass die Bibel kein historisches Sachbuch ist, und brachten damit ihren Absolutheitsanspruch ins Wanken. Das hat sehr viele Menschen sehr verunsichert und die Unterdrückung durch die Kirche noch brutaler gemacht, weil sie die Leute irgendwie an sich binden wollte. Am besten geht das natürlich mit Panikmache und Drohungen, fragt mal die AfD. (Bitte fragt nicht die AfD ... redet gar nicht mit der AfD.) Insgesamt also wirklich keine gute Zeit für die meisten.

Der Tod war deshalb ein überpräsentes Thema. Er lauerte an jeder Ecke. Und daraus ergaben sich im Barock zwei Denkrichtungen, und zwar die einzig möglichen, wenn jeder Tag der letzte sein könnte: *Carpe diem* (Nutze den Tag) – yolo, but make it classy – und *Memento mori* (Bedenke, dass du sterben wirst). Auf Latein natürlich, die

Gottesdienste waren damals auch nur auf Latein und insgesamt das meiste, was klug klingen wollte. Man konnte also entweder eine Party schmeißen und jeden Tag eskalieren, weil es sowieso irgendwie wurscht war. Oder aber man vertröstete sich auf das Leben nach dem Tod – laut der katholischen Kirche das »echte« Leben. Darauf konnte man sich dann freuen und das Leben auf der Erde als eine Art Bewerbungsritual sehen, dass man halt aushalten muss, damit man ins Paradies gelassen wird. Memento mori war also gar nicht so sehr als Warnung zu verstehen und rein negativ, sondern als ein »Irgendwann ist das hier vorbei und dann wird endlich alles richtig geil werden«.

All das hat sich natürlich auch in die Literatur der Zeit übertragen. Vorbilder hatten die Deutschen dafür in anderen europäischen Ländern, vor allem Italien. Es ist schließlich nicht überraschend, dass man sich noch mehr an Ordnung und Regeln hängt, wenn die Welt das reinste Chaos ist. Und wenn die Literatur im Barock eins hatte, dann Regeln. Das wichtigste Regelwerk war das *Buch von der deutschen Poeterey* von Martin Opitz. Der hat sich bis ins letzte Detail genauestens überlegt, wie deutsche Literatur auszusehen hat – und die Leute haben sich daran gehalten. Das find ich so wild. Da setzt sich jemand hin und sagt: »Literatur funktioniert so!« Und alle denken sich: »Okay, cool, alles klar, danke fürs Bescheidgeben!« Das lag vielleicht daran, dass es die erste deutsche Regelpoetik überhaupt war, vielleicht aber auch daran, dass man wirklich dringend Regeln zum Festhalten brauchte – im Leben wie in der Kunst.

Man muss Opitz lassen, dass er durchaus eine kleine Revolution in der deutschen Literatur losgetreten hat. Er hatte Gedichtformen, die man vorher nur auf Latein und Griechisch kannte, ins Deutsche übertragen, und zack, auf einmal konnte man auch auf Deutsch richtig hohe Kunst machen.

Die höchste aller Künste und damit der hotteste Shit im Barock war (europaweit übrigens) das Sonett. Sonette sind Gedichte, die wirklich unglaublich viele Regeln haben. Wie viele Strophen, wie viele Verse jeweils, wie die wiederum gereimt sein müssen wie viele Silben sie haben und ob sie mit einer betonten oder unbetonten Silbe enden, – alles geregelt. Obwohl es nicht in Deutschland, sondern in Italien erfunden wurde, ist es doch das deutscheste unter den Gedichten, finde ich.

Wir haben 14 Verse in vier Strophen, zwei Quartette, also Strophen mit vier Versen, und zwei Terzette mit jeweils drei. Jede Strophe für sich ist ein Alexandriner, hat also sechs betonte Silben abwechselnd mit unbetonten. Die erste ist immer eine unbetonte Silbe (Jambus heißt das dann) und die letzte Silbe ist abwechselnd betont und unbetont – ich zeig euch das später noch, keine Sorge. In der Mitte des Verses ist eine kurze Pause, die heißt Zäsur. Merkt ihr, wie viele Regeln das sind? Mein Kopf raucht schon. Das Reimschema ist meistens abba abba cdc dcd oder abba cddc eef ggf, mit hie und da einer kleinen Abweichung. Das englische Sonett ist übrigens noch mal eine ganz eigene Hausnummer, da sind die Regeln wieder anders. Außerdem gab es ganze Sonett-Zyklen! Das sind 14 »normale« Sonette und das 15. Sonett ergibt sich aus den ersten Versen der anderen Sonette. Das ist dann wirklich wild.

Das Thema Nummer eins in der Literatur ist dabei keine Überraschung: Vergänglichkeit. Die komplette deutsche Literatur hatte keinen Bock mehr auf die Welt, wie sie war. Sogar die Form (!) des barocken Sonetts ist darauf ausgerichtet, weil jeder Vers zwei Hälften hat – das muss man echt erst mal hinkriegen. So kann in der ersten Hälfte die These stehen und in der zweiten die Antithese, zack, schon ist der Vers vergänglich gemacht.

Natur und Liebe waren auch sehr beliebte Themen, griffen Vergänglichkeit in irgendeiner Form aber fast immer auf. Selbst bei Liedern, die fröhlich sein sollten, war das so, wenn man genau genug hinschaut.

Lyrik hatte mit Abstand die Nase vorn in der barocken Beliebtheitsskala. Hier konnte man nämlich am meisten protzen, am meisten Schmuck und Lametta an die Sprache hängen – oder, um es nett auszudrücken: Man konnte das eigene Können zeigen. Die Dichter*innen übertrumpften sich gegenseitig mit immer neuen Wörtern und Umschreibungen. Die Sprache war mit Absicht überkompliziert gestaltet, so sehr, dass sich sogar erste Sprachgesellschaften bildeten, die das Deutsche von Fremdwörtern und mundartlichen Zügen »reinigen« wollten. Slay.

Was das Theater anging, wurden Dramen vor allem am Hof aufgeführt. Hier wollte man Frankreich nachahmen und eine Kultur aufbauen, die den Fürstenhof zum Mittelpunkt hat. Heißt, da fanden auch die Partys statt. Man machte immer mehr Fortschritte in Sachen Bühnentechnik, arbeitete mit Kulissen, Kostümen, Orchester und Gesang. Außerdem gab es italienische Operngruppen, die als Gäste eingeladen wurden, und auch englische Komödiengruppen fanden ihren Weg nach Deutschland und zeigten zum Beispiel Shakespeares Komödien. Sie blieben nicht am Hof, sondern zogen von Ort zu Ort, um für alle zu spielen – bis die Kirche ein Verbot erließ und sie verfolgte. Spaß war von ihrer Seite insgesamt nicht gern gesehen. Es gab sogar schon so etwas wie Schultheatergruppen. Sie sollten als Übung für den mündlichen Vortrag Stücke aufführen, auf Deutsch und Latein.

Im Drama, aber auch in der Lyrik des Barocks wurde viel aus der Antike wieder aufgetaut. (Ihr könnt euch merken, dass das in ganz vielen Literaturepochen der Fall war.) Opitz zufolge ging es insgesamt darum, Natur, Geschichte und antike Mythologie zu verbinden und sie durch Regeln (die größtenteils er aufgestellt hat) zu vereinigen. Klingt nach Spaß, oder was findet ihr?

Es ist alles eitel
(Andreas Gryphius, 1637)

Es ist alles eitel ist echt einer der Dauerbrenner aus dem Barock. Ich und viele andere mussten es in der Schule auswendig lernen und/oder analysieren. Ein richtiger Klassiker unter den Sonetten – haha, Klassiker. Versteht ihr? Okay, lasst uns loslegen.

Andreas Gryphius war schon sehr fame im Barock, das kann man so sagen. Er hat sehr viele Sonette, andere Gedichte und auch Dramen geschrieben und die Leute sind angemessen auf ihn ausgerastet. Jetzt im Nachhinein gilt er sogar als *der* wichtigste Barock-Dichter, aber auch zu Lebzeiten hatte er schon einige Fans. Eigentlich hieß er Andreas Greif, Gryphius klingt da andererseits schon fancier und mysteriöser, muss man ihm lassen.

Vorneweg gleich mal, »eitel« heißt heute was anderes als damals – wir meinen damit heute Menschen, die sehr viel Wert auf ihr Äußeres legen, und wir meinen es nicht nett. Hier heißt »eitel« aber, wie könnte es anders sein: vergänglich. Alles auf der Welt ist vergänglich, dessen ist sich unser Andreas sicher.

Wir haben hier die modernisierte Fassung des Textes

für euch, nur um das mal gesagt zu haben. Deutsch sah nämlich im Barock deutlich anders aus als jetzt. Einheitliche Rechtschreibung gab's noch nicht wirklich. Sein hat man »seyn« geschrieben, will »wil«, dafür auf »auff«, jetzt war »itzund«, siehst war »sihst« und manchmal hat man v statt u geschrieben. Dass überhaupt auf Deutsch geschrieben wurde, war noch relativ neu – vorher war alles nur auf Latein –, deshalb war man sich noch nicht so ganz einig, wie man das jetzt zu schreiben hat. Also hat man einfach mal überall Doppelkonsonanten hingeballert, wo wir jetzt keine mehr haben, hinter quasi jedes t ein z und dann hat es schon gepasst. Oh! Kommas waren auch noch nicht eingeführt, also ist das ganze Gedicht voller Schrägstriche. Ich find das alles sehr interessant, aber ich hab den Bums ja schließlich auch studiert. Damit ihr nicht beim Lesen schon komplett verwirrt seid, ob ihr jetzt kein Deutsch mehr könnt oder ich, haben wir uns für die modernisierte Schreibung entschieden. So, jetzt aber los mit dem Gedicht an sich.

Was die Form angeht, haben wir es hier wirklich mit einem bilderbuchhaften Sonett zu tun: Man hat die Quartette und die Terzette, das Reimschema ist abba abba (das nennt sich umarmender oder umschließender Reim) ccd eed (Schweifreim heißt das dann), wir haben die Alexandriner mit Zäsur – perfekt. Ich zeichne euch in der ersten Strophe mal die betonten Silben ein, um euch das Metrum zu veranschaulichen. Bei keiner Gedichtart lässt sich die Form so schön analysieren wie beim Sonett – herrlich.

Das beliebteste rhetorische Stilmittel ist hier auf jeden Fall die Antithese. Die haben wir hier wirklich noch und nöcher: »Was dieser heute baut / reißt jener morgen ein / wo jetzt noch Städte stehen / wird eine Wiesen sein« – Vergänglichkeit überall, Eitelkeit überall, Antithesen überall.

Was das Gedicht aber komplett special macht, ist die Tatsache, dass wir hier eben nicht nur ein Gedicht vor der Nase haben, sondern auch eine Argumentation – damn, zwei Textarten in einem! Die aufgestellte These ist: Es ist alles eitel. Es folgen zwei Strophen lang Beispiele für Vergänglichkeit. Wenn wir das dann alle verstanden haben, erklärt uns Andreas außerdem noch, dass das auch logisch ist, irgendwo. Er sagt: »Der hohen Taten Ruhm muss wie ein Traum vergehn. / Soll denn das Spiel der Zeit, der leichte Mensch, bestehn?« Es ist also nicht nur alles vergänglich, einfach weil es so ist, sondern weil es so sein muss. Weil der Mensch an sich ein vergängliches Ding ist, also automatisch auch alles, was er so tut, baut oder erreicht. Das klingt erst mal sehr negativ, ist es aber gar nicht, finde ich. Erstens gilt diese Vergänglichkeit für alles, also gute wie schlechte Dinge, und zweitens will das Sonett eigentlich nur darauf hinaus, dass menschlich und ewig Gegensätze sind.

Jetzt kommt natürlich die Religion ins Spiel, denn der Mensch und alles, was er tut, kann nicht ewig sein, weil das (im christlichen Glauben) nur Gott ist. Nur Gott ist nicht vergänglich, alles andere schon. Ein Vers ist noch dazu wahrscheinlich eine Anlehnung an einen biblischen Psalm, in dem es darum geht, dass der Mensch leider denkt, er wäre das Größte und Bedeutsamste der Welt – und dass uns das überhaupt nicht guttut. Wenn Gryphius die Menschen und was sie tun als »Schatten, Staub und Wind« bezeichnet und »eine Wiesenblum, die man nicht wiederfindt«, klingt das verdächtig nach Psalm 103, in dem es heißt: »Des Menschen Tage sind wie Gras, er blüht wie die Blume des Feldes. Fährt aber der Wind darüber, ist sie dahin. Der Ort, wo sie stand, weiß von ihr nichts mehr.« Wir sollten also erkennen und damit klarkommen, dass wir vergänglich sind und erst sehen können, was ewig ist, wenn wir tot sind. Na dann, memento mori, alle miteinander.

Ich verstehe, dass sich das aus heutiger Sicht alles wahnsinnig düster anhört, aber so war es wirklich nicht gemeint. Es ist eher eine Art Trost. Wenn nämlich überall Krieg, Grauen, Hungersnöte, Krankheiten und all diese schlimmen Dinge lauern, ist es doch irgendwie schön zu wissen, dass alles irgendwann ein Ende hat. Und auch, dass auf alle eine wundervolle Ewigkeit wartet, wenn das Leben auf der Erde erst mal überstanden ist. Bei dem Gedanken könnte ich mit Blick auf die Klimakrise fast (wieder) gläubig werden, wenn nicht so wahnsinnig viel dagegensprechen würde. Na ja, das ist ein anderes Thema.

Betonung

Du siehst, wohin du siehst, nur Eitelkeit auf Erden. a
Was dieser heute baut, reißt jener morgen ein: b
Wo jetzt noch Städte stehn, wird eine Wiese sein, b
Auf der ein Schäferskind wird spielen mit den Herden. a

6-hebiger Jambus mit Zäsur → ALEXANDRINER

Antithese

Was jetzt noch prächtig blüht, soll bald zertreten werden. a
Was jetzt so pocht und trotzt, ist morgen Asch' und Bein, b
Nichts ist, das ewig sei, kein Erz, kein Marmorstein. b
Jetzt lacht das Glück uns an, bald donnern die Beschwerden. a

Der hohen Taten Ruhm muss wie ein Traum vergehn. c
Soll denn das Spiel der Zeit, der leichte Mensch, bestehn? c
Ach! Was ist alles dies, was wir für köstlich achten, d

Als schlechte Nichtigkeit, als Schatten, Staub und Wind; e
Als eine Wiesenblum', die man nicht wieder find't. e
Noch will, was ewig ist, kein einzig Mensch betrachten! d

nur Gott

AUSRUF

Der Abenteuerliche Simplicissimus Teutsch

(Hans Jakob Christoffel von Grimmelshausen, 1668)

Hier haben wir es mit einem sogenannten Schelmenroman zu tun, was ich ein äußerst sweetes Wort finde. Heute wird der Titel meistens auf *Der Abenteuerliche Simplicissimus* abgekürzt, ich weiß nicht, was die Leute gegen *Teutsch* haben. Das nur, damit ihr wisst, dass beides das Gleiche ist. Auch bei dem Drittnamen Christoffel musste ich schmunzeln, weil er genauso niedlich klingt wie Schelmenroman. Aber gut, so weit zu Titel und Namen.

Der *Simplicissimus* ist nicht nur das Hauptwerk von Grimmelshausen, sondern auch das wichtigste Prosawerk des Barocks insgesamt. So megaviele gab es nicht, um ehrlich zu sein, aber trotzdem. Grimmelshausen war zwar adelig, seine Familie war jedoch verarmt. Sein Großvater musste dann alle offiziellen Adelstitel ablegen, weil er als Bäcker und Gastwirt arbeitete. Und wenn man so einem »normalen« Beruf nachging, verlor man als Adliger seinen Stand und damit auch seine Titel. Ihren ultralangen Namen mit »von« durften sie allerdings behalten, das ist ja immerhin etwas. Christoffel selbst (jep, ich werde ihn nur bei seinem dritten Vornamen nennen und ihr könnt nichts dagegen tun) war kein Schriftsteller, wie wir uns das normalerweise vorstellen. Zuerst kämpfte er nämlich im 30-jährigen Krieg und stieg dann zum Schreiber und Sekretär auf. Schreiben war also sein Job, aber erst mal nichts, was irgendwie schelmisch bzw. unterhaltsam war. Wann genau er mit dem literarischem Schreiben anfing, weiß man nicht so genau, aber die meisten seiner Werke sind aus seinen letzten zehn Lebensjahren und oft unter Pseudonym erschienen. Nachträglich konnte man trotzdem nachvollziehen, was alles von ihm war – heute kann man so was sogar digital machen, Technik ist so wild.

Auch *Simplicissimus* wurde unter Pseudonym veröffentlicht, nämlich unter German Schleifheim von Sulsfort, ein Anagramm von Christoffel von Grimmelshausen – beide Namen haben also die gleichen Buchstaben. Bei der Hauptfigur seines Romans hat er es genauso gemacht, die heißt nämlich Melchior Sternfeld von Fuchsheim. Im Buch nennt er ihn dann Simplicius – aber nur, weil der seinen echten Namen nicht kennt! Und im Titel steht dann Simplicissimus. Außerdem wird er auch noch der Jäger von Soest genannt, später Beau Alman. Das sind sehr viele Namen für eine Person, die es nicht mal in echt gibt, wenn ihr mich fragt. Aber gut, lasst uns loslegen.

Simplicius ist ein sogenannter »sprechender Name«. Das heißt, der Name sagt etwas über die Figur aus: hier, dass unser Held etwas einfach gestrickt ist. Wir finden das zum Beispiel auch bei Scar in König der Löwen oder bei Karla Kolumna (im Benjamin-Blümchen-Universum können quasi alle Namen sprechen). Er weiß weder seinen Namen noch sonst irgendwas, außer wie man Tiere hütet, denn das ist sein Job als Viehhirte am Hof seiner Eltern. Dabei ist er eines Tages ein bisschen zu laut – er hat Dudelsack gespielt – und lockt Soldaten an, die dann den kompletten Hof auseinandernehmen und alle foltern oder missbrauchen, die sie finden – das ist natürlich blöd dann. Aber da war Simplicius auch erst zehn – passiert den Besten. Der Junge läuft davon in den Wald, wird dort von einem Einsiedler aufgenommen, kriegt Lesen und Schreiben beigebracht und erhält seinen Namen: Simplicius. Bisschen Latein muss sein, wir sind ja schließlich immer noch im Barock, gell. Die beiden führen ein ruhiges Zweisiedlerleben, bis der alte Einsiedler stirbt und erneut Soldaten die Hütte plündern. In einem Brief hat der Einsiedler Simplicius noch erklärt, dass drei Dinge im Leben wichtig sind: Selbsterkenntnis, Welterkenntnis und Beständigkeit – das sind quasi die Vorfahren von *Eat, Pray, Love*.

Simplicius landet dann in Hanau, wird erst kurz eingesperrt, weil er für einen Spion gehalten wird, und findet dann raus, dass sein Einsiedler-Dad früher Offizier war und der Schwager von Gouverneur Ramsay – den gab es sogar echt! Simplicius wird dann dessen Page und, megawild, es stellt sich raus, dass er auch sein Neffe ist. Trotzdem fühlt er sich am Hof so gar nicht wohl, er kennt die Regeln und Sitten nicht, und das lassen ihn die Leute dort spüren, anstatt ihm mal alles genau zu erklären. Woher soll denn ein Dudelsack spielender Viehhirte wissen, welche Gabel man zuerst nimmt oder wie man sich richtig verbeugt? Simplicius selbst ist das Gehabe auch too much, er findet es gottlos (nicht als Jugendwort, sondern im eigentlichen Sinne). Der Gouverneur hat deswegen irgendwann keinen Bock mehr auf ihn und macht ihn zum Narren, auch im wörtlichen Sinne. Er muss weirde Kostüme aus verschiedenen Tieren tragen und so tun, als wär er ständig besoffen. Das darf niemand RTL erzählen, sonst wird das die nächste Reality-TV-Sendung: Ich bin ein Narr, holt mich hier raus.

Die Geschichte geht aber wild weiter. Simplicius findet den Ausstieg, weil er von Soldaten gefangen genommen wird und sich befreien kann. Das passiert ihm einige Male mit verschiedenen Soldaten. Er kann sich immer wieder befreien, tanzt zwischendurch kurz mit ein paar Hexen und landet dann in Magdeburg – was man halt so macht. Dort ist er dann erst mal wieder Narr und freundet sich mit dem Hofmeister Ulrich Herzbruder und seinem Sohn Ulrich Herzbruder junior an – da hat Simplicius drölf Namen für sich und die beiden müssen sich einen teilen, unfair. Dann gibt's wieder eine Schlacht und er rettet sich in ein Frauenkloster in Soest. Jetzt ist er also, wie vorher schon geteasert, der Jäger von Soest, lebt als Schutzbeauftragter im genannten Kloster, wird reich und berühmt und stellt so einiges an, aus dem er sich aber immer wieder rauswinden kann – und kommt dabei zu noch mehr Geld und noch mehr Ruhm.

Mit Geld in den Taschen dreht Simplicius dann richtig auf: Er droht erst einem Nachahmer mit dem Tod, fordert Soldaten zum Duell heraus, gewinnt, wird aber schließlich festgenommen, weil Duelle verboten sind. Er handelt sich frei, verprasst sein Geld, fährt nach Paris, wird Opernsänger, verdient erneut viel Geld, wird krank, ausgeraubt, tut so, als wäre er Arzt, wird wieder reich. Dann wird er zum Kriegsdienst gezwungen. Dieses Buch wäre eine Serie mit mindestens 10 Staffeln, ich sag es euch. (Netflix, falls ihr mitlest: Hit me up!)

Er fährt also mit einem Kriegsschiff mit. Das Schiff kentert, er stirbt schon wieder fast, flieht, wird zum zigsten Mal als Soldat verpflichtet und erneut gefangen genommen und schließlich von einem Räuber überfallen, der sich als der Typ rausstellt, dem Simplicius mit dem Tod gedroht hatte, weil er sein Nachahmer war. Die beiden plündern ein bisschen zusammen rum, bis Olivier, der Nachmacher, umgebracht wird. Simplicius dreht noch ein paar Gefangen-frei-Schleifen, während deren er wieder auf Ulrich Hertzbruder trifft, also den Jüngeren der beiden. Der will für seine Sünden büßen, worauf Simplicius aber gar keinen Bock hat und lieber wieder Kriegsdienst leistet.

Und jetzt wird es erst magisch und dann international, Obacht. Simplicius wirft einen Stein in einen See, woraufhin ihm der Boss aller Wassergeister erscheint und ihm einen Stein schenkt, mit dem er eine Heilquelle sprudeln lassen kann, wo auch immer er will. Den Stein legt er dann aber versehentlich auf den Boden, als er sich schlafen legt. Er ärgert sich, dass er verschissen hat, und zieht sich auf einen Bauernhof zurück. Ich komm auch langsam nicht mehr mit, echt. Und jetzt kommt die Weltreise.

Als Nächstes wird er nämlich, große Überraschung,

wieder gefangen genommen, als sich Soldaten über den Winter in dem Bauernhof einquartieren wollen. Mit denen kommt er dann nach Moskau, wo er dem Zaren zeigt, wie man Schießpulver macht, er kommt frei, wird von anderen Soldaten gefangen genommen und dann nach Korea gebracht. Dort kommt er dann frei, weil er dem König zeigt, wie man schießt, und ab geht's über Japan, Macau, Ägypten, Konstantinopel, Rom und auf einem Piratenschiff von dort wieder nach Hause. What a life, Alter. Aber die Geschichte ist immer noch nicht rum!

Gegen Ende wird es nämlich noch mal magisch. Er geht durch den Wald spazieren und betatscht ein Steinbild, das sich in diverse Dinge und Tiere verwandelt und dann als Vogel davonfliegt – Alexa, spiel »Waldspaziergang mit Folgen« von den Ärzten. So was kann ja wohl nur eines heißen: Simplicius muss nach Santiago de Compostela in Spanien pilgern – klaro, was auch sonst. Zur Abwechslung kentert das Schiff, er überlebt, wird wieder Einsiedler, diesmal auf einer Insel, und schreibt da sein Leben auf. Ob oder wie er von der Insel wieder runterkommt, wird dann nicht mehr beschrieben – da hat es Christoffel wohl endlich gereicht mit seiner Story.

Selten hab ich eine Geschichte mit so vielen Wendungen gelesen, ich sag es euch. Zwischendurch heiratet Simplicius auch zweimal, findet raus, dass der erste Einsiedler sein eigentlicher Vater war, und es passiert noch allerhand – das Buch ist nicht umsonst so dick.

Durch alle Epochen finden sich Fans des Romans, weil es einfach Spaß macht, ihn zu lesen. Am Anfang muss man sich ein bisschen an die Sprache gewöhnen, klar, aber ich fand es sehr beeindruckend, wie es trotzdem richtig Bock macht, zu sehen, was unser Dudelsack pfeifender Viehhirte noch alles erlebt und anstellt. Dass so ein Spaßbündel auch noch ausgerechnet aus dem Barock kommt, ist allein schon das Lesen wert, finde ich.

Ein Gesang wider den Neid

(Sibylla Schwarz, zwischen 1621 und 1638)

Oh mein Gott, eine DichterIN aus dem Barock!? Ja, ihr habt richtig gelesen! Auch im Barock haben Frauen schon geschrieben und veröffentlicht, auch aus dem 17. Jahrhundert gibt es Werke von AutorINNEN. Ich will einfach nie wieder hören, dass »Frauen halt einfach (noch) nicht geschrieben« hätten. Haben sie. Immer. Manchmal ist es nur schwer, an ihre Werke heranzukommen, weil sie oft verdrängt und dann vergessen wurden. Glücklicherweise hatte Sibylla ihr wohlverdientes Comeback längst, und deshalb können wir uns ihr Gedicht *Ein Gesang wider den Neid* anschauen, das, wenn man der Literaturwissenschaftlerin Erika Greber vertraut (und das tue ich), das »wohl erste kompromisslos feministische Gedicht der Weltliteratur« ist. Und das freut mich über die Maßen!

Man weiß leider nicht superviel über Sibylla, außer dass sie sehr gebildet gewesen sein muss – gebildeter, als es damals für Mädchen üblich war. Sie war die jüngste Tochter des Bürgermeisters von Greifswald und wurde nur 17 Jahre alt. Siebzehn! Wenn ich meine Gedichte aus dieser

Zeit anschaue, bin ich einfach nur froh, dass ich doch klug genug war, sie nicht im Internet zu posten. Bei Sibylla macht es mich einfach nur traurig, dass sie nicht erwachsen werden und die krasseste Dichterin ihrer Generation werden durfte.

Das Gedicht *Ein Gesang wider den Neid* ist Sibyllas berühmtestes Gedicht, wir haben es hier leicht gekürzt und modernisiert, trotzdem sind manche Schreibweisen aus heutiger Sicht falsch. Es gibt aber (im Gegensatz zu Gryphius) keine »offizielle« komplett modernisierte Version, und ich wollte mir nicht anmaßen, das Gedicht selber umzuschreiben. Wir werden schon klarkommen, ich bin mir sicher.

Mich hat das Gedicht auf den ersten Blick einfach nur krass beeindruckt. Wir haben hier eine jugendliche Dichterin, die sich dagegen wehrt, dass ihr gesagt wird, es könne gar keine Dichterinnen geben – im Barock! Ich komm überhaupt nicht klar. Und man kann auf jeden Fall rauslesen, wie krass gebildet sie gewesen sein muss, sie kennt sämtliche Gottheiten und Autor*innen der Antike auswendig – ich hab euch die gemarkert und erklärt, keine Sorge, ich musste die auch googeln.

Das Gedicht spricht gleich im ersten Vers ein lyrisches Du an, das auf jeden Fall männlich ist. Wenn ihm das Gedicht nicht gefällt, solle er das Lesen einfach lassen, bevor es ihn noch wütend mache. Na, wenn das kein sassy Einstieg in ein Gedicht ist, weiß ich auch nicht. Sie nimmt Kritik, von der sie weiß, dass sie kommen wird, vorweg – »Du kannst doch gar keine Gedichte schreiben, du bist doch eine Frau!« – und entkräftet sie gleich! Ich lieb's..

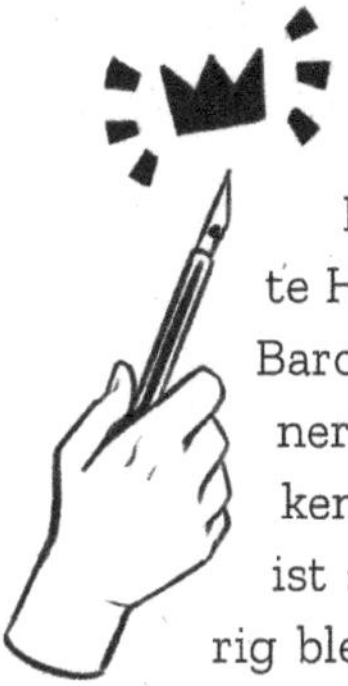

Die dritte Strophe ist ebenfalls der komplette Hammer, da nimmt sie das liebste Thema des Barock, die Vergänglichkeit, und haut es den Männern um die Ohren. Auch wenn die nämlich denken, Kunst und Können wären ihnen angeboren, ist sie sich sicher, dass von ihnen nicht viel übrig bleiben wird, wenn alles vergeht. Weil nämlich nur die Tugend besteht und nicht die »List« oder der »helle Schein« des lyrischen Du. In der vierten Strophe wird weiter erklärt, dass das Du ruhig der Meinung sein darf, Frauen könnten keine Kunst machen, dass der Tugend das Geschlecht aber herzlich wurscht ist. Dieses Gedicht zu lesen macht mich so stolz und gleichzeitig so wütend, weil es beweist, dass Frauen einfach schon seit vierhundert Jahren dasselbe sagen und wir noch immer nicht gehört werden.

Gegen Ende des Gedichts hat es fast etwas Manifestartiges, finde ich, und auch einen Hauch von Drohung. Find ich super! Frauen gehen nirgendwohin, sagt sie. Sie bleiben und ihre Kunst bleibt, egal wie sehr sich manche (Männer) wehren. Sie bleiben so lange, bis schließlich alles vergeht – klar, zum Schluss landen wir immer wieder bei der Vergänglichkeit. Niemand kann etwas schaffen, das unendlich ist. Frauen nicht, aber Männer eben auch nicht.

Das Gedicht hat so eine Kraft, es entschuldigt sich nicht, und – und das meine ich rein positiv – man merkt, dass es von einer Jugendlichen ist. Die Wut, das Gespür für ein Ungleichgewicht, gepaart mit der Aufmüpfigkeit einer Person, die sich für unglaublich klug hält, das haben Jugendliche gebunkert. Und ich liebe es.

4-hebiger Jambus

Betonung

Gefellt dir nicht mein schlechtes Schreiben / a
Und meiner Feder edles Safft / b
So laß nur balt das Läsen bleiben / a
Eh dan es dir mehr unruh schafft; b
Das / was von anfang ich geschrieben / c
Wird kein verfalschter Freund belieben. c

weißt du

Weistu mich gleich viel für zuschwetzen /
Von meiner Leyer ab zustehen; → Instrument ≙ keine Kunst mehr machen
So soll mich doch allzeit ergetzen
Das Arbeitsahme müssig gehen;
Laß aber du dein Leumbden bleiben / → Leugnen
Damit du mich meinst auff zureiben.

Ich weiß / es ist dir angebohren /
Den Musen selbst abholt zu sein /
Doch hat mein Phoebus nie verlohren / → Beiname des griechischen Gottes Apollon > u.a. Gott der Dichtkunst und Weisheit
Durch deine List / den hellen Schein;
Die Tugend wird dennoch bestehen /
Wen du / und alles wirst vergehen. → niemand ist ewig, auch Männer nicht

(...)

Vermeynstu / daß nicht recht getroffen /
Dass auch dem weiblichen Geschlecht
Der Pindus allzeit frei steht offen /
So bleibt es dennoch gleichwohl recht /
Daß die / so nur mit Demuht kommen /
Von Phoebus werden angenommen.

Findus ≙ geistiger Grundstock (nicht die Katze, leider)

Ich darf nun auch nicht weitergehen /
Und bringe starcke Zeugen ein;
Du kanst es gnug an disem sehen /
Daß selbst die Musen Mägde sein:
Was lebet soll Ja Tugendt lieben /
Und niemandt ist davon vertrieben.

Gantz Holland weiß dir für zusagen
Von seiner Bluhmen Tag und Nacht;
Herrn Catzen magstu weiter fragen /
Durch den sie mir bekant gemacht:
Cleobulina wird wol bleiben /
Von der viel kluge Federn schreiben.

niederländischer Dichter

berühmte griechische Dichterin

berühmte griechische Dichterin

Was Sappho für ein Weib gewesen
Von vielen / die ich dir nicht nenn /
Kanstu bey andern weiter lesen /
Von den ich acht und fünffzig kenn /
Die nimmer werden untergehen /
Und bey den Liechten Sternen stehen.

Sollt ich die Nadel hoch erheben /
Und über meine Poesey /
So muß ein kluger mir nachgeben /
Daß alles endlich reisst entzwey; → Vergänglichkeit
Wer kann so künstlich Garn auch drehen /
Das es nicht sollt in stücken gehen?

AUFKLÄRUNG (1720–1800)

Die Aufklärung war (wie der Barock auch) erst in England und Frankreich unterwegs, bevor sie auch in Deutschland ankam. Seit dem Barock hatte die Kirche ein bisschen gegen die Wissenschaft abgelost und das zeigte sich jetzt. Den Leuten ging es zwar immer noch schlecht, aber der Bock, einfach alles zu wissen und zu verstehen, war groß. Das ging damit los, dass man anfing, nicht einfach alles zu glauben, was die Kirche erzählte, oder zu tun, was der Adel befahl, sondern zu hinterfragen, anzuzweifeln und sich eigene Gedanken zu machen. Das war Immanuel Kants berühmter »Ausgang aus der selbst verschuldeten Unmündigkeit«, der so unendlich oft zitiert wird – meistens von relativ nervigen Menschen, wenn ich ehrlich bin.

Manchmal sind die Denker der Zeit aber auch übers Ziel hinausgeschossen. Wie zum Beispiel mit dem Versuch, die Menschheit in verschiedene »Rassen« einzuteilen. So haben sie kräftig geholfen, Vorurteile zu schaffen, die sich teilweise bis heute halten, wie eben der Rassismus in unserer Gesellschaft insgesamt. Wenn Kant also von Menschen spricht, meint er explizit weiße Menschen – und wenn man es genau nimmt, eigentlich auch nur Männer. Das sollte man auf jeden Fall im Hinterkopf behalten.

Oft wird die Aufklärung nämlich als komplett geile Fortschrittsepoche gesehen, aber das war sie eben nicht für alle. In dem Buch, mit dem ich mich für mein Lehramtsexamen vorbereitet habe, stand zum Beispiel über Frauen, es habe »kaum Emanzipation« gegeben. Es ist fast lustig, wie sehr eine gebildete Frau zwar dem Ideal einer Frau bei den Aufklärern entsprach, man Frauen aber trotzdem nicht gebildet hat. Schon komisch, oder? Fast, als wäre die Idee einer Frau und echte Frauen für sehr viele Menschen nicht das Gleiche bzw. als hätten sie nichts miteinander zu tun. Hm. Na ja.

Es passt so einiges nicht zusammen in der Aufklärung, aber so ist das oft mit Theorie und Praxis. Die Herrschenden zum Beispiel sollten dem Gemeinwohl verpflichtet sein, Fürsten waren offiziell die ersten Diener des Staates. Trotzdem war die Gesellschaft immer noch in drei Stände (also Schichten) eingeteilt, und wer adelig war, hatte eben automatisch mehr Rechte und dadurch auch ein deutlich besseres Leben. Es gab aber durchaus wirkliche Fortschritte. In der Landwirtschaft ging zum Beispiel einiges voran (dafür ist vor allem die Kartoffel verantwortlich, wie könnte es anders sein), Folter und Hexenverfolgung wurden abgeschafft, genauso die Zensur, und nur noch 50 Prozent konnten nicht lesen und schreiben. Na, wenn das mal nichts ist! (Ich weiß, das klingt krass aus heutiger Perspektive, aber das war echt ein massiver Fortschritt.)

Es stellte sich also für das Bürgertum (das waren die Nicht-Adeligen, die aber trotzdem Geld hatten) ein neuer Lebensstandard ein, zu dem auch eine Art Öffentlichkeit gehörte. Man ging ins Kaffeehaus, ins Theater oder zu

Lesezirkeln, um klug und gebildet rüberzukommen. Ergibt auch Sinn, weil man wirklich reich sein musste, um sich Bildung leisten zu können. Da überrascht es niemanden, dass die Literatur der Aufklärung vor allem eins wollte: bilden. Und halt aufklären, wer hätte es gedacht. Allgemeine Verständlichkeit, Einfachheit und Klarheit waren den Schriftstellenden superwichtig. Das kann man aus heutiger Sicht vielleicht nicht mehr so ganz rauslesen, aber wenn ihr die Aufklärung mit dem Barock vergleicht, seht ihr doch deutlich, dass das Geschriebene auch verstanden und nicht nur bewundert werden sollte.

Bilden konnte man die Leute am besten im Theater, dafür musste man nämlich nicht lesen können. Dramen wurden also als ein Weg gesehen, um möglichst viele Leute möglichst effizient aufklären zu können, ohne dafür an eine Universität zu brauchen. Dafür mussten die Theaterstücke aber bestimmten Regeln folgen – klar, wir sind ja schließlich immer noch in Deutschland –, um die Voraussetzung dafür zu erfüllen, eine möglichst »wahre« Darstellung von Zusammenhängen in Natur und Leben zu erreichen – was auch immer »wahr« in dem Zusammenhang heißen mochte.

Diesen neuen Regelkatalog für das deutsche Theater hat Johann Christoph Gottsched geschrieben. Und was jetzt kommt, ist, meiner Meinung nach, mit das Lustigste aus der deutschen Literaturgeschichte. Johann hat den Versuch *einer critischen Dichtkunst vor die Deutschen* geschrieben. Das ist ein literaturtheoretischer Text, in dem ganz genau beschrieben wird, wie ein Theaterstück ausschauen muss, damit es gut ist. Um was es gehen muss, wie es aufgebaut sein muss, – es wird alles bis ins kleinste Detail erklärt. Die Schriftstellenden sollten sich mit einer Moral befassen und sich dann eine Geschichte überlegen, mit der sie diese bestmöglich rüberbringen können. Diese Geschichte muss in fünf Akte passen und die Einheiten des Orts, der Zeit und der Handlung berücksichtigen. Das sind Regeln, die auf den antiken Dichter Aristoteles zurückgehen und bedeuten, dass das Stück möglichst an einem Ort und möglichst innerhalb von 24 Stunden spielen und es am besten nur eine Handlung geben sollte. Für Tragödien und Komödien gab es dann noch jeweils Extraregeln, alles vom Allerfeinsten erklärt. Das Problem war nur: Es gab keine entsprechenden Stücke. Gar keine. Kein einziges. Nicht ein deutsches Stück erfüllte alle Ansprüche, die Johann so mühsam aufgeschrieben hatte. Und was machte er dann? Er übersetzte Werke aus dem Griechischen und Lateinischen. Weil nur die passend waren. Das finde ich wirklich zum Schießen. In seinem ganzen Leben hat der Typ nur ein einziges literarisches Werk geschrieben, den *Sterbenden Cato*, dafür aber Werke über Literatur noch und nöcher.

Ich habe mich reingelesen in die *Critische Dichtkunst*, und so genial ich sie finde, sosehr ich verstehe, worauf er hinauswollte, komme ich nicht über den Gedanken hinweg, dass der Dichtergott höchstpersönlich es quasi nicht hinbekam, Stücke zu schreiben, die seiner Meinung nach so sind, wie sie sein sollten. Wer dagegen aber wirklich viele Stücke geschrieben hat, ist Luise Adelgunde Victorie

Gottsched, Johanns erste Frau. Zu der kommen wir gleich, freut euch schon mal.

In der Aufklärung sprach man grundsätzlich eher nicht von Tragödien und Komödien, sondern von Trauer- und Lustspielen. Lust also nicht im Sinne von sexy, sondern im Sinne von lustig – jep, das hängt sprachgeschichtlich tatsächlich zusammen. Und dann hat man oft noch zusätzliche Begriffe davorgestellt, wie *weinerliches Lustspiel* oder *bürgerliches Trauerspiel*. Und hier wurden, ganz gegen die deutsche Tradition, durchaus Regeln gebrochen. Im Theater gab es (bis in die Aufklärung hinein und auch danach noch mal) eine sogenannte Ständeklausel. Das hieß, dass in Tragödien die Hauptpersonen immer Adlige sein mussten und in Komödien Bürgerliche. Das war deswegen so, weil man mit den Leuten in den Tragödien mitfühlen und mit denen in den Komödien lachen sollte, wenn nicht sogar sie auslachen – auf keinen Fall durfte man das bei Adeligen, also legte man sich fest. Im Kapitel über die Klassik erkläre ich das noch mal genauer, da war diese Regel nämlich wieder besonders wichtig. Das bürgerliche Trauerspiel brach, wie der Name schon sagt, mit dieser Regel und erlaubte auch nicht-adlige Hauptfiguren. Das lag auf jeden Fall auch daran, dass das Publikum im Theater immer bürgerlicher wurde und man sich wohl dachte, dass das Bürgertum es auch verdient hätte, mit ihnen mitzuleiden – im Gegensatz zu beispielsweise Bäuerinnen oder Gastwirten, die weiter nur zum (Aus-)Lachen da waren.

In allen Stücken der Aufklärung ging es viel um Familie und familiäre Beziehungen. Als Ideal stellte man die bürgerliche Kleinfamilie hin, Eltern und Kinder, mehr nicht.

Die konnten dann alle zusammen einen Hass auf den Hof und den Adel schieben, weil die machen durften, was sie wollten – dazu kommen wir bei *Emilia Galotti* noch. Innerhalb dieser Familie galt das Patriarchat, also die Herrschaft des Mannes, in dem Fall der Vater. Deshalb ging es auch viel um Besitz. Der Vater besaß in gewisser Weise seine Kinder, vor allem die Töchter, und auch seine Frau. Er war der Boss, er gab Meinungen und Handlungen vor, und wer nicht folgte, stürzte sich ins Verderben. Cool. Dann mal los.

Geschichte des Fräuleins von Sternheim

(Sophie von La Roche, 1771)

Okay passt auf, dieser Roman ist von Grund auf einfach nur iconic. Wieso? Weil es der erste deutschsprachige Roman einer Frau ist, der jemals veröffentlicht wurde. Geschrieben wurden sicher davor schon einige, aber eben nicht veröffentlicht. Sophie von La Roche, die Obergeile, hat einfach einen Roman geschrieben, obwohl sie damit rechnen musste, dass ihn niemals irgendjemand lesen würde. Doch dann wurde sie Deutschlands erste Berufsschriftstellerin, obwohl sie acht Kinder hatte. Veröffentlicht wurde das *Fräulein von Sternheim* von Christoph Martin Wieland – der war sehr fame in der Aufklärung und Sophies Cousin. Natürlich schon nett von ihm, dass er den Roman veröffentlicht hat, allerdings hat er seine Rolle ein bisschen übertrieben, finde ich. Erstens hat er den Roman nämlich erst mal anonym rausgegeben – es stand nur dabei, dass er von einer Frau geschrieben worden war. Außerdem hat er Anmerkungen gemacht und ein Vorwort geschrieben, das ich am liebsten komplett aus meiner Ausgabe rausreißen würde.

Darin erklärt er nämlich lang und breit, dass man nicht den Fehler machen dürfe, den folgenden Roman für Kunst oder Literatur zu halten – weil er das natürlich nicht sein könne, wenn er von einer Frau ist, klar. Sophie hätte ihn eigentlich auch gar nicht geschrieben, um ihn zu veröffentlichen, auch klar, wahrscheinlich hatte sie einfach nichts zu tun, da kann man schon mal aus Langeweile einen Roman schreiben. Die Geschichte sei für Frauen interessant und lehrreich, sagt Wieland, aber für Männer natürlich nicht, wieso sollten die auch was über Frauen lesen, das auch noch von einer Frau geschrieben wurde, nein, nein, nein. Aber der Erfolg gab und gibt Sophie recht. Ihr Roman wird heute noch gelesen und ist auch heute noch bekannt. Nimm das, Wieland – von dem ich kein einziges Stück aus dem Kopf weiß! (Ich habe grad gegoogelt und kenn keins seiner ungefähr tausend Stücke auch nur vom Hören. Keine Ahnung, was das jetzt über mich oder ihn aussagt, aber ich fühle mich bestätigt.)

Die Geschichte des Fräuleins von Sternheim ist by the way nicht einfach ein Roman, sondern größtenteils ein Briefroman (der übrigens Goethes *Die Leiden des jungen Werther* sehr stark inspiriert hat). Es schreibt die Protagonistin, Sophie von Sternheim, meistens an ihre Freundin Emilia. Der Vorname ist dabei nicht die einzige Gemeinsamkeit zwischen Autorin und Romanfigur, auch einige Ereignisse im Roman ähneln Sophies echtem Leben.

Im Roman erfährt man erst mal ein bisschen was über Sophies Familiengeschichte. Der Vater ist ein Oberst, der so toll ist, dass er nachträglich in den Adelsstand erhoben wird. Nach dem Kriegsdienst zieht er neben seinen Freund, den Baron von P. (das ist im ganzen Roman abgekürzt), und verliebt sich in dessen Schwester, später Sophies Mutter, die auch Sophie heißt (wieso machen die das immer? Das ist SO verwirrend beim Lesen). Das kapiert er aber erst mal nicht, sondern er wird einfach traurig und Sophie auch. Als sie dann kapieren, dass sie sich lieben, obwohl eine Verbindung zwischen ihnen nicht gern gesehen wird, weil sie nicht standesgemäß wäre, sind sie noch trauriger. Da gibt's dann viel Hin und Her, aber letztendlich heiraten die beiden trotzdem, und unsere Sophie, die Protagonistin des Romans, kommt zur Welt. Die Sternheims sind weitbekannt dafür, extrem gute Menschen zu sein, sie leiten ein Armenhaus und werden sogar öfter mal gebeten, junge Leute in Nächstenliebe auszubilden. Und genauso viel Mühe geben sich die zwei mit Sophies Erziehung und Bildung.

Sophie verliert ihre Mutter mit 9 und dann mit 19 ihren Vater. Aber statt dass eine Disney-Prinzessin aus ihr wird, soll sie die Mätresse (also die Geliebte) des Fürsten werden. Das sagt zumindest ihr Onkel, bei dem Sophie jetzt wohnt. Sie selbst ist davon aber gar kein Fan, weil sie christlich und tugendhaft erzogen worden ist. Am Hof geht es dann auch richtig los mit einem Haufen Intrigen, Liebesdreiecken und allem, was das Herz begehrt. Die Leute dort spielen quasi mit Sophie, was sie aber erst eher spät erkennt, weil sie so ehrlich und tugendhaft ist und denkt, dass alle so sind wie sie. Aber natürlich ist das am Hof nicht der Fall.

Sophie verguckt sich erst mal in Lord Seymour und er

sich auch in sie. Er denkt dann aber, dass sie tatsächlich die Mätresse des Fürsten werden will, und wendet sich von ihr ab. Lord Derby hätte dieses Missverständnis easy aufklären können, tut er aber nicht, weil er sich selber in Sophie verguckt hat und merkt, dass Lord Seymour jetzt kein Interesse mehr an ihr hat. Das findet er natürlich mega. Insgesamt ist Lord Derby überhaupt kein guter Typ, kriegt es aber hervorragend hin, wie einer auszusehen. So bekommt er Sophie dazu, zu glauben, dass der einzige Weg, nicht Mätresse werden zu müssen, die Ehe mit ihm ist. Und dann organisiert er einfach eine Scheinhochzeit, der Dreckskerl.

In der »Ehe« geht es Sophie dann richtig kacke, weil sie merkt, dass Derby einfach nur Sex mit ihr haben wollte. Sie verweigert sich ihm aber, also verlässt er sie. Hab ich schon gesagt, dass er ein Dreckskerl ist? Sophie geht es danach noch viel übler, aber dann darf sie bei der reichen Madame Hills Kinder unterrichten und das liebt sie. Sie kann sich also wieder darauf konzentrieren, tugendhaft zu sein, geilo. Irgendwann zieht Sophie nach England, um da für eine andere sehr reiche Dame, Lady Summers, zu arbeiten, und ein gewisser Lord Rich verguckt sich in sie, obwohl Sophie ihn wiederum nur als Freund sieht. Und jetzt kommt der Kicker: Lord Rich ist Lord Seymours Bruder! What!?

Lord Derby, der Arsch, hat mittlerweile Lady Summers' Nichte geheiratet, und damit es nicht weird wird, wenn sie zu Besuch kommen, lässt er Sophie vorsichtshalber entführen – klar, was auch sonst? Also muss sie jetzt bei einer armen Familie wohnen, bei der auch, surprise, Derbys uneheliche Tochter wohnt, die er komplett verstoßen hat. Mir gehen echt die Schimpfwörter für den Typ aus. Er hat nämlich dann auch noch die Frechheit, Sophie einen Brief zu schreiben, in dem er ihr erklärt, dass er sich mit seiner Frau langweilen und sie, Sophie, jetzt tatsächlich heiraten wollen würde. Sophie lehnt ab, und die arme Familie, die Derby unterstellt ist, versteckt sie daraufhin in einem Turm. Jetzt sind wir also doch fast bei der Märchenprinzessin.

Lord Seymour kriegt in der Zwischenzeit doch endlich raus, was Derby für ein Scheißkerl ist – lang genug hat er gebraucht, ey. Richtig peinlich: Derby muss es ihm selber gestehen. Der denkt nämlich, dass Sophie tot ist, wird doll krank und will sie bestatten fahren, findet dann aber raus, dass sie noch lebt, und packt sie einfach ein wie ein Buch aus einer Zu-verschenken-Kiste. Lord Rich kriegt das aber mit, und obwohl er Sophie noch liebt, gibt er trotzdem seinem Bruder Bescheid. Und jetzt ist Happy-End-Time! Seymour und Sophie heiraten, bekommen einen Sohn, sind unglaublich reich und deshalb kann Sophie ihr ganzes restliches Leben nur noch mit Nächstenliebe verbringen! Yay!

Heute wird gerne behauptet, Sophie von La Roche hat mit dem *Fräulein von Sternheim* den Frauenroman erfunden beziehungsweise den ersten Frauenroman geschrieben. Das ist aber nur die halbe Wahrheit. Der Roman war bei Weitem nicht nur bei Frauen beliebt! Er war ein kompletter Erfolg, alle haben ihn gern gelesen. Wenn ihr also vielleicht schon mal was von Jane Austen oder den Brontë-Schwestern gelesen habt und sie mögt, dann ist

Sophie von La Roche auf jeden Fall auch etwas für euch. Ich will Filme, Theaterstücke und Serien über diese Story sehen, denn das hat sie verdient. Der Roman lässt sich wirklich hervorragend durchschmökern, fast wie ein New Adult Roman (was er auch irgendwie ist, finde ich). Bisschen Liebe, bisschen Intrige - mehr braucht man eigentlich nicht. Macht euch also einen Tee oder einen Chai Latte und ab auf die Couch mit euch!

Emilia Galotti
(Gotthold Ephraim Lessing, 1772)

Zu *Emilia Galotti* habe ich eine richtige Hassliebe. Einerseits bin ich wirklich großes Lessing-Fangirl, ich liebe quasi alles von ihm und finde, er war ein Meister seines Fachs. Ich checke bei Emilia den Hype auch komplett, ich fand es in der Schule schon super. Andererseits hasse ich, dass von allen tollen Werken, die Lessing so geschrieben hat, ausgerechnet *Emilia Galotti* immer noch am meisten an Schulen gelesen wird. Zu einem gewissen Grad verstehe ich das natürlich, aber mein Herz blutet auch. Ein Grund hierfür ist, dass Emilia oft gelesen wird, wenn es um bürgerliche Trauerspiele geht. Die waren eben wichtig und radikal in der Aufklärung, also liest man so eins auch, logo. Aber *Emilia Galotti* ist genau genommen gar kein bürgerliches Trauerspiel. Das hat Gotthold auch nie behauptet, die Galottis sind nämlich adelig. Zwar niederer Adel, aber Adel. Na ja. Der Hauptgrund für meinen Frust ist aber, dass Emilia die passivste Hauptperson eines Dramas ist, von der ich je gelesen habe. Sie kommt in insgesamt nur sechs Szenen vor, spricht kaum und entscheidet gar nichts. Klar ist das Absicht und gewollt und hat seinen Sinn, trotzdem macht es mich unglaublich traurig, dass ausgerechnet dieses Werk noch und nöcher gelesen wird. Und das, obwohl es vom selben Autor diverse andere Werke gibt, in denen Frauen selber denken und handeln können: *Miss Sara Sampson* zum Beispiel oder *Minna von Barnhelm*. Nur mal so als Vorschlag.

So, jetzt aber zum Stück selbst. Es beginnt mit dem Prinzen Hettore Gonzaga – den hassen wir, und zwar ab der ersten Szene. Hier geht er Bittgesuche von Bürger*innen durch und lehnt einfach alle ab, weil er keinen Bock auf sie hat. Nur eins genehmigt er, weil die Bittstellerin Emilia heißt und er in eine Emilia verliebt ist, in Emilia Galotti nämlich. Richtig arg ist er in sie verliebt. So arg, dass er aus Versehen fast ein Todesurteil unterschreibt, weil er nur an sie denken kann – was für ein Romantiker. Emilia soll aber heute heiraten. Jemand anderen heiraten! Davon ist Hettore natürlich gar kein Fan, also befiehlt er seinem Diener Marinelli, sich um den Bräutigam zu »kümmern« – wenn ihr versteht, was ich meine.

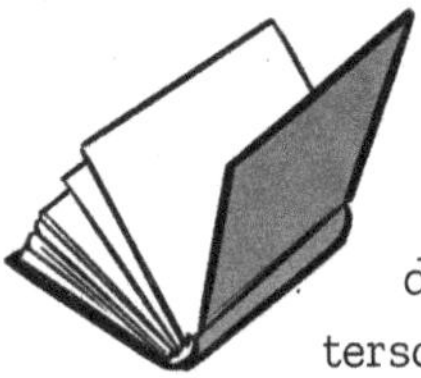

Emilia hat keine herausragenden Charaktereigenschaften, außer dass sie sehr fromm und sehr brav ist, aber vor allem ist sie wohl sehr schön. Jeden Tag geht sie beten. In der Kirche spricht der Prinz sie dann an und sagt ihr, sie solle mit ihm auf sein Lustschloss kommen. Und hier ist Lust wohl im herkömmlichen Sinne gemeint. Emilia freut sich, aber ihre Mutter ist skeptisch. Die ahnt nämlich schon, dass da irgendwas nicht stimmt mit dem Prinzen, und ihr Vater ist komplett entsetzt und sagt Emilia, sie solle auf gar keinen Fall gehen. Das juckt den Prinzen natürlich überhaupt nicht und deshalb entführt er sie einfach. Nebenbei lässt er auch noch schnell ihren Verlobten abknallen – was man halt so macht als Prinz.

Ich höre euch jetzt schon fragen: »Aber Teresa! Wenn der Prinz in Emilia verliebt ist und sie ihn auch irgendwie hot findet, wo ist dann das Problem?« Nun, das Problem liegt beim Prinzen. Der hat nämlich keinerlei Absicht, Emilia zu heiraten, dafür ist sie nicht adelig genug. Er will sie nur als Mätresse, also Affäre, haben. Sie soll in diesem Lustschloss rumsitzen und warten, dass der Prinz hin und wieder vorbeischaut, um mit ihr zu schlafen. Und wenn er irgendwann keinen Bock mehr auf sie hat – was wirklich nur eine Frage der Zeit ist –, dann steht sie da, als für damalige Verhältnisse entehrte Frau, minus drei Ehre sogar. Niemand würde sie mehr heiraten wollen, sie würde von der Gesellschaft geächtet werden, ihr Leben wäre vorbei. Das ist ein hoher Preis für ein paarmal Sex, wenn ihr mich fragt. Wir erfahren nämlich auch, wie der Prinz mit Gräfin Orsina umgeht, seiner aktuellen Affäre. Auf die hat er nämlich jetzt schon keinen Bock mehr, hat aber nicht den Anstand, es ihr zu sagen, sondern ghostet sie einfach. Wie ich schon sagte: Wir hassen ihn.

Odoardo Galotti, Emilias Vater, hasst den Prinzen sowieso schon längst. Er hasst den ganzen Hof, weil er weiß, wie »unsittlich« es da zugeht und wie der Hochadel einfach alles machen kann und darf, nur weil er eben der Hochadel ist. Deshalb ist er natürlich überhaupt gar kein Fan davon, dass Emilia möglicherweise auf die Süßholzraspelei des Prinzen reinfallen könnte. Und außerdem ist es seine

Aufgabe als Vater, dafür zu sorgen, dass seine Tochter nicht ihre Ehre verliert. Claudia Galotti, seine Frau, ist aber auch ziemlich klug. Sie hat gemerkt, was mit Emilia passiert ist, und reist ihr hinterher.

Und weil Lessing darauf pfeift, dass Dramen nur an einem Schauplatz spielen sollen, wechseln wir mit den Galotti-Girls ins Lustschloss und schauen, was da so los ist – einiges nämlich. Gräfin Orsina ist aufgetaucht und will mit dem Prinzen sprechen, der ist aber weiterhin ein feiger Arsch und befiehlt seinem Diener Marinelli, er solle sie »entfernen«. Einfach damit er nicht mit ihr reden muss. Schließlich hat er sie in seinem Kopf längst durch Emilia ersetzt. Orsina hat aber ordentlich was in der Birne und außerdem gute Kontakte. Sie weiß, dass der Prinz Emilias Verlobten hat töten lassen, und droht Marinelli, das öffentlich zu machen, wenn sie nicht zum Prinzen vorgelassen wird. Das will Marinelli wiederum den Prinzen nicht unbedingt wissen lassen und möchte das lieber allein regeln. Dann taucht aber auch noch Odoardo auf und will zu seiner Tochter und seiner Frau. Er ist außerdem stinksauer, weil er denkt, Emilia sei freiwillig mit dem Prinzen mitgegangen.

Marinelli hat jetzt also ganz schön was zu tun. Er muss gleichzeitig Emilia und Claudia vor Odoardo verstecken, Orsina vom Prinzen fernhalten und verhindern, dass Orsina irgendwas der Öffentlichkeit erzählt – und von alledem soll der Prinz am besten natürlich überhaupt nichts mitbekommen. Das nenn ich mal einen stressigen Arbeitstag. Was er dabei leider vergisst zu regeln, ist, dass Odoardo und Orsina sich nicht begegnen. Und so kommt es.

Die beiden sind sich einig, dass sie den Prinzen hassen. Odoardo hat durch Orsina nämlich auch endlich verstanden, dass Emilia nicht freiwillig mit dem Prinzen mitgekommen ist, und jetzt ist er richtig sauer. Rein zufällig hat Orsina auch noch einen Dolch dabei, den sie Odoardo gibt, um damit den Prinzen zu töten – well, that escalated quickly. Sie bringt dafür Claudia weg vom Lustschloss, das ist der Deal.

Dann kommt die Szene, die mich am wütendsten macht im ganzen Stück. Wir haben hier Odoardo, Emilias Vater – nur zur Erinnerung. Er hat seine Tochter erzogen, sie ist tugendhaft, sie ist brav, sie ist christlich durch und durch, sie könnte nicht mal eine halbe Lüge erzählen ohne Angst zu haben, in die Hölle zu kommen. Er weiß das. Er kennt sie ihr ganzes Leben lang. Und dann taucht Marinelli auf und erzählt, Emilia hätte einen Liebhaber gehabt. Dass der ihren Verlobten getötet hätte und der Prinz komplett unschuldig sei. Und der Boy glaubt das einfach!? Obwohl er die ganze Zeit erzählt, dass alle am Hof nur lügen und betrügen und tun, was sie wollen? Obwohl er ständig labert, wie stolz er auf Emilia ist, weil sie in ihrem ganzen Leben noch keinen einzigen Fehler gemacht hat? ER GLAUBT ES EINFACH. Darüber vergisst er komplett, dass er eigentlich den Prinzen töten wollte, und hasst jetzt nur noch Emilia. Ich bin so sauer. SO sauer. Okay, weiter im Text.

Odoardo ist jetzt also der festen Überzeugung, seine Tochter sei komplett ehrlos. Sie soll vor Gericht kommen, aber davor will er noch ein letztes Mal mit ihr reden. Immerhin. Das ist dann auch die einzige Szene im Stück, in der Emilia richtig was zu sagen hat. Nämlich, dass sie natürlich keinen Liebhaber hatte, dass sie natürlich nicht freiwillig mitgekommen ist und dass sie auch nicht die Mätresse des Prinzen werden will – sie weiß nur nicht wirklich, wie sie aus dieser Nummer wieder rauskommen soll. Einfach »Nein« sagen ist bei vielen Männern keine Option, wenn man unversehrt aus einer Situation entkommen will, und beim Prinzen ist es das ganz sicher nicht.

Der einzige Weg, der ihr einfällt, ist, sich umzubringen. Das will sie mit dem Dolch machen, den Odoardo praktischerweise immer noch dabeihat. Der findet das aber gar keine gute Idee, schließlich ist Selbstmord eine Todsünde, und das würde Emilia genauso ehrlos machen, wie die Mätresse des Prinzen zu sein. Es steht natürlich nie im Raum, dass Emilia rein theoretisch ja auch noch ein bisschen Spaß mit dem Prinzen haben könnte, statt zu sterben, weil Frauen in der Aufklärung weder sexuelle Lust empfinden noch insgesamt Spaß haben durften – schade eigentlich. Odoardo hat dann aber die zündende Idee: Er bringt Emilia einfach um. Dann hat er zwar gesündigt, aber kann sein restliches Leben Buße tun, seine Tochter behält ihre Ehre. Sie ist zwar dann tot, aber das scheint immer noch besser zu sein, als ihre Ehre zu verlieren. Weiß ich jetzt auch nicht.

Emilia ist aber komplett dabei und lässt sich von ihrem Vater umbringen, anstatt die erste eigene Entscheidung ihres Lebens zu treffen. Das macht Emilia übrigens literaturwissenschaftlich gesehen zu einem Typ, nicht zu einem Charakter. Typen sind so Leute wie die lustigen Tiere in Disneyfilmen oder manche Bösewichte. Sie haben höchstens drei Charaktereigenschaften, denken nicht viel und machen keine Entwicklung durch. Und das hat Emilia einfach nicht verdient, finde ich. Justice for Emilia!

Das Ende des Stückes ist dann, dass Emilia tot ist, der Vater ultra-sad und der Prinz so tut, was Prinzen tun: Er schiebt alles auf Marinelli. Behauptet, er hätte von alldem überhaupt nichts mitbekommen, alles sei von vorne bis hinten Marinellis Idee gewesen, und verbannt ihn aus der Stadt. Und so, liebe Kinder, geht es allen am Ende des Stücks irgendwie scheiße, außer dem Hochadel, denn der kann weiter machen, was er will. Cool.

Düval und Charmille

(Christiane Karoline Schlegel, 1778)

Christiane Karoline Schlegel muss ein richtiges Wunderkind gewesen sein. Sie hat schon ganz früh Briefe auf Französisch geschrieben, das sie von ihrem Hauslehrer beigebracht bekommen hat. Und dann hat sie sich selbst Italienisch und Englisch beigebracht und Sachen übersetzt – einfach so, aus Spaß. Ein paar wurden dann sogar auch veröffentlicht. Ihre eigenen Werken sind nicht mehr alle überliefert, aber wir wissen sicher von zweien: *Düval und Charmille* und *Dormont und Julie*. Wenn man sie googelt, ist sie aber vor allem für eine Sache bekannt: ihre Brieffreundschaft mit Christian Fürchtegott Gellert. Gellert, nicht zu verwechseln mit Gottsched, war ein sehr berühmter Autor in der Aufklärung. Karoline war so sehr Fan, dass sie ihm irgendwann einen Brief schrieb – und sie blieben in Kontakt, bis er starb. Gellert fand nämlich, dass sie so schön natürlich schreibe, und da stimme ich ihm zu, das finde ich auch. Ganz im Gegensatz zu dem, wie *er* schreibt, aber das ist eine andere Hausnummer.

Das Stück *Düval und Charmille* ist ein bürgerliches Trauerspiel, das alle dafür existierenden Regeln ganz streng einhält. Außerdem beruht es auf einer wahren Begebenheit: einem Mord in Dresden 1777. »Des prinzl. Stallmeister Lachapelle und der Kammerdienerin Birnbaum Selbstentleibung« ist als Fall gut dokumentiert worden, man kann ihn heute noch im sächsischen Hauptstaatsarchiv Dresden nachlesen. Christiane hat den Fall literarisch verarbeitet und sollte damit heute noch deutlich erfolgreicher sein, als sie es tatsächlich ist, finde ich. Im Vorwort des Herausgebers wird noch mal betont, dass eine unverheiratete junge Frau das Stück geschrieben hat – klar, weil es ja beim Schreiben total den Riesenunterschied macht, ob man verheiratet ist oder nicht.

Wir haben also Heinrich Düval, der ist Baron, Hauptmann und Kammerjunker des Prinzen, und Mariane, seine Frau. Franz ist der kleine Sohn der beiden und Amalie von Charmille ist Kammerfräulein der Prinzessin und von Anfang an ganz offensichtlich die Affäre von Heinrich. Dann gibt es noch ein paar andere Leute, aber zu denen kommen wir, wenn es so weit ist. Die Geschichte spielt von 10 Uhr morgens bis 22 Uhr abends am selben Tag, das steht sogar vorne mit dabei. Und los!

Das Stück beginnt damit, dass Mariane traurig im Esszimmer sitzt, weil sie weiß, dass ihr Mann gerade im Nebenraum sonst was mit Amalie treibt. Das muss man sich mal vorstellen, der Typ lässt einfach seine Affäre kommen, während seine Frau und sein Kind im Zimmer daneben sitzen, what the fuck. Er bequemt sich irgendwann doch zu ihr, aber nur um ihr zu sagen, sie solle nicht so traurig sein – megahilfreich, danke. Mariane tut sich, verständlicherweise, selbst leid, aber auch Amalie tut ihr leid. Sie weiß, dass das alles die Schuld ihres Mannes ist, der sie beide verführt hat.

Heinrich verlässt mit seinem Sohn das Zimmer, dafür kommt Amalie zu Mariane. Sie bittet Mariane darum, sie nicht dafür zu hassen, dass sie Heinrich genauso liebt, wie Mariane es tut: »Gleichheit der Neigungen verbindet sonst Freunde« – find ich auch ein bisschen frech, bin ich ehrlich. Mariane bleibt dabei relativ kühl und bereitet Amalie schon mal darauf vor, dass sie nicht Heinrichs letztes Opfer sein wird, sie also keine Liebe von ihm erwarten soll, denn die wird sie nicht bekommen.

Kurz darauf sind Heinrich und Amalie wieder allein, und er erzählt ihr, dass der Prinz mitbekommen hat, was abgeht. Er soll sich also entweder trennen, oder man wird ihn entlassen und Amalie in ein Kloster sperren. Dabei findet er, die Affäre hat ihn zu einem besseren Menschen gemacht – wer's glaubt, Alter. Würde ich mir auch einreden, wenn ich er wäre.

Es taucht dann Anton auf, ein Hauptmann der fürstlichen Garde, und holt Amalie ab, damit sie ihrer Arbeit als Kammerjungfer nachgehen kann. Der Fakt, dass sie gehen muss, macht Heinrich aber so wütend, dass er Amalie anschreit, sie solle wegen ihm doch ins Kloster gehen. Genauso schnell lässt er sich aber auch wieder besänftigen, als Amalie sagt, sie würde lieber sterben, als ohne ihn zu leben. Das nimmt Heinrich wörtlich und gibt ihr Giftpulver mit. Was für ein netter Kerl, oder?

Amalie geht, dafür taucht der Graf von Sternfeld auf,

der ist Hofmarschall und ein Kumpel von Düval. Er will die Sache unter den Teppich kehren, aber nur, wenn Heinrich die Affäre bereut und verspricht, sich nicht mehr mit Amalie zu treffen. Bis zum nächsten Morgen soll er sich zurückmelden. Als der Graf wieder geht, ist sich Heinrich sicher, dass der einfach nur selbst Amalie haben will, und ist schon wieder wütend.

Beim Frühstück unterhält sich Mariane mit Amalies Stiefmutter und widerspricht ihr, als die Amalie beschimpft. Ihr kommt die Lösung, dass Amalie einfach heiraten müsste, dann wäre die Affäre nämlich vorbei. Bevor sie das Ganze aber fertig denken können, soll Mariane zum Grafen kommen. Der berichtet, dass er hofft, Amalie käme durch, ohne eingesperrt zu werden, und lässt durchblitzen, dass er nichts dagegen hätte, sie zu heiraten. Frau von Doenberg, die Stiefmutter, hat aber einen richtigen Hass auf Amalie und sagt, dass sie noch diese Nacht wegmüsse. Das Vorurteil von der bösen Stiefmutter gab es also auch in der Aufklärung schon.

Mit Mariane allein, erzählt der Graf, dass die Prinzessin Wind von der Affäre bekommen hat und Amalie beschäftigt hält, damit sie sich nicht mehr mit Heinrich treffen kann. Sie wissen, dass das Kloster oder eine Hochzeit die einzigen Lösungen sind, aber für beides müsste das Liebespaar erst mal getrennt werden. Der Graf ist beeindruckt, dass Mariane Amalie trotz allem nicht hasst. Und wie sie darüber reden, dass der Graf Amalie heiraten könnte, wenn alles anders wäre, stürmt Heinrich herein und ist, you guessed it, sauer. Und egal, wie sehr der Graf ihm alles erklären will, Heinrich sieht rot und verscheucht ihn.

Allein in seinem Zimmer, schimpft er immer noch auf den Grafen, lässt ihm einen Brief bringen und überlegt, wie er ihn umbringen könnte, damit er Amalie nicht verlassen muss. Ihre Stiefmutter kommt dazu und berichtet, dass Amalie noch heute Nacht ins Kloster gebracht werden soll, und überzeugt Heinrich, dass er nur eine Wahl hat, sicherzugehen, dass Amalie weder im Kloster bleibt noch mit dem Grafen verheiratet wird: Er muss Amalie aus der Kutsche entführen, die sie ins Kloster bringen soll. Sie tut dabei so, als würde sie nur das Beste für Amalie wollen, aber wir wissen, dass sie lügt.

Amalie taucht auf, spricht erst mit Mariane, dann mit Heinrich und scheint bester Laune zu sein. Sie sagt, dass es sich für sie anfühlt, als würde das alles sie nichts angehen, und ist komplett ruhig – im Gegensatz zu Heinrich. Hellhörig wird sie erst, als sie hört, dass ihre Stiefmutter da war. Heinrich solle ihr nicht trauen, sagt sie, egal was sie sagt. Nachdem sie mit Mariane rausgegangen ist, beschließt er also, Amalie nicht zu entführen, sondern sich gemeinsam mit ihr umzubringen.

Genau das erklärt er Amalie, als sie wieder zurück ist. Die beiden unterhalten sich lange, wollen jeweils nicht, dass die andere Person stirbt, werden sich aber doch einig. Sie finden beide, dass es keinen anderen Ausweg für sie gibt. Als Mariane und die Bediensteten später die Tür zu Heinrichs Zimmer aufbrechen, kann Amalie grade noch ihre letzten Worte sagen und bittet Mariane um Verzeihung. Das Stück geht also genauso zu Ende, wie der echte Fall auch geendet hat: mit einer vergifteten und einer erschossenen Leiche.

STURM UND DRANG (1766–1785)

Der Sturm und Drang ist für mich die unsympathischste aller Epochen, echt. Das fand wohl der Rest Europas auch, denn hier haben wir es mit einer rein deutschen Strömung zu tun – und das ist ja eh selten was Gutes. Sturm und Drang war wie die Pubertät der deutschen Literaturgeschichte. Hier waren zum Beispiel Goethe und Schiller noch sehr jung, Goethe war Anfang 20, und beide haben sich später wahnsinnig dafür geschämt, was sie hier so produziert haben. Es war einfach ein bisschen zu viel von allem, wenn man mich fragt.

Ich muss hier noch einen kleinen Disclaimer loswerden. Ich habe exakt ein Werk aus dem Sturm und Drang von einer Frau gefunden. Eins. Ein einziges. *Theresgen* von Sophie Albrecht. Aber sosehr ich es auch versucht habe, ich konnte an den Text nicht rankommen. Nicht digital, nicht in Buchform. Das ist bei Werken von Frauen oft schwieriger als bei denen von Männern, aber hierbei war gar nichts zu machen. Das finde ich wirklich schade, und vielleicht liest ja hier eine Person mit, die was dagegen machen will und kann. Unsere Literaturgeschichte ist so löchrig, das müssen wir ändern. So. Jetzt aber weiter mit den Männern aus dem Sturm und Drang – uff.

Obwohl der Sturm und Drang nur in Deutschland Phase war, haben sich die Boys doch international orientiert.

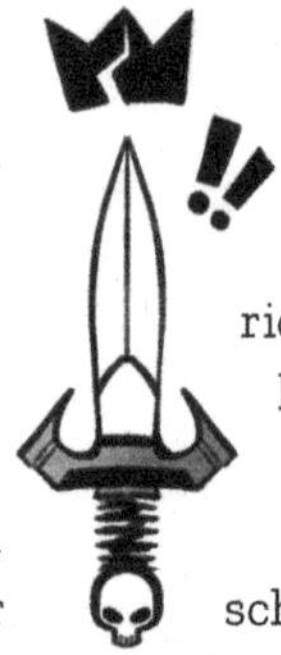

Vor allem an der Französischen Revolution und der amerikanischen Unabhängigkeit. Das fanden die richtig geil und wollten so was in Deutschland auch. Die Literatur dieser Strömung war doll emotional, sie war aber auch voll nationalem Denken und kratzt daher schon bissi am rechten Rand, zumindest aus heutiger Sicht. Es wurde richtig hart gegen Hof und Adel gehatet. Man forderte, dass stattdessen alle was zu sagen haben sollten. Das ging in der Aufklärung ja schon los, dass man das hofzentrierte Leben (nach französischem Vorbild) und den Adel an sich kritisiert hat, aber im Sturm und Drang nahm das richtig Fahrt auf, holy shit, was haben die den Hof gehasst.

Was mich aber am meisten stört, ist der Geniegedanke. Das ist das top Keyword für den Sturm und Drang. Sehr viele Leute fanden sich selbst da deutlich klüger, als sie waren. Dass vor allem Goethe ein massives Ego-Problem hatte, ist allseits bekannt – er hat zum Beispiel alle Briefe von seiner Schwester und seiner Mutter verbrannt, weil er fand, dass sie besser geschrieben waren als seine eigenen, lol – aber sich mit Anfang zwanzig für ein Genie zu halten? Wow, Johann. Echt, wow. Die Boys wollten Freiheit, sie wollten ihre Gefühle und Leidenschaften ausdrücken und sie wollten gehört werden. Das versteh ich! Echt. Ich steh beruflich auf der Bühne, ich hab auch das riesige Bedürfnis, meinen Gefühlen Gehör zu verschaffen – und das, obwohl ich in Therapie bin. Trotzdem ist es mir einfach alles ein bisschen too much und klingt mir ein bisschen zu doll nach der FDP.

Von dem aufklärerischen Gedanken, mit Kunst zu bilden und sie quasi als Allgemeingut einzusetzen, hat man sich mittlerweile restlos verabschiedet. Klar, sie wollten immer noch etwas erreichen mit ihren Werken, aber vor allem ging es darum, die eigenen Gedanken und Gefühle auszudrücken. Das war ein komplettes Novum und entspricht bereits dem Kunstverständnis, das wir heute haben, nämlich dass Kunst und Person zusammenhängen – auch wenn Leute immer so tun, als könnten sie Kunst und Künstler*in trennen, wenn sich rausstellt, dass die Person hinter der Kunst ein Arschloch ist.

Dass in der Kunst auch etwas von der Person steckt, die sie gemacht hat, war bis zum Sturm und Drang nicht wirklich Thema. Die Werke wurden in Auftrag gegeben oder hatten eine Aufgabe. Klar kann man annehmen, dass die Moral der Theaterstücke aus der Aufklärung schon etwas mit den moralischen Vorstellungen der Schrifststellenden zu tun hatten, aber ein Muss war es nicht. Und das änderte sich jetzt. Kunst wurde ein Ausdruck individueller Gefühle, privater Wünsche, höchst politisch geprägt zwar, aber trotzdem so persönlich wie nie. Das merkt man auch an den Texten. Sie sind voller Ausrufe, Ellipsen (also unvollständiger Sätze), die Satzordnung wird nicht eingehalten, es gab bewusste und drastische Verstöße gegen alle Regeln der Literatur, die bis dahin gegolten haben. Ein Leitspruch aus dem Französischen war: »Folge deinem Feuer, du kommst weiter damit als mit Regeln.«

Die meisten Werke waren Dramen und Gedichte, Roman gab es nur einen wichtigen: *Die Leiden des jungen Werther* von Goethe. Über den will ich aber nicht schreiben, weil ich sonst Bluthochdruck bekomme vor lauter Hass auf Werther.

Im Mittelpunkt der Werke steht meistens ein »großer Kerl«, der zwar nicht perfekt ist, aber schon ziemlich geil – und das auch weiß. Das bürgerliche Trauerspiel war immer noch sehr beliebt, um die Bedrohung der Familien durch den Adel oder Offiziere und die Not der einfachen Leute zu zeigen.

Ein weiteres wichtiges Stichwort im Sturm und Drang ist die Leidenschaft – und zwar in alle Richtungen. Leidenschaft konnte für die Stürmer und Dränger (sind wir ehrlich, es waren echt quasi nur Männer) das Schönste und Kraftvollste der Welt sein, aber auch zerstörerisch. Darstellen wollten sie die Leidenschaften so pur wie möglich: ohne Hemmungen, ohne Kompromisse. Liebe zum Beispiel wurde auf der einen Seite komplett verherrlicht, war das Beste und Wichtigste überhaupt, konnte aber auch alles zerstören – da hört man echt schon das Drama raus, findet ihr nicht auch?

Nicht nur, wie geschrieben wurde, hatte sich verändert, sondern auch, wer schrieb. Es waren nicht mehr nur die klassisch gebildeten alten weißen Männer, sondern auch junge weiße Männer, yay! Könnt ihr glauben, dass ich über alte weiße Männer schreibe und Goethe und Schiller nicht gemeint sind? Ich auch nicht. Keine Sorge, problematic sind sie trotzdem.

Sie inszenierten sich nämlich alle als gesellschaftlich benachteiligter, als sie waren. Sie schimpften gegen das Bürgertum (die Leute mit Geld), waren aber selbst die Kinder bürgerlicher Leute. Sie wiesen auf gesellschaftliches Elend und Armut hin, während sie sich ihr Studium von ihren Eltern bezahlen ließen. Sie haben sich viel drauf eingebildet, dass sie nicht »in die Gesellschaft eingebunden sind«, also weder arbeitsmäßig noch familiäre Verpflichtungen hatten, denen sie nachgehen müssten. Das hieß für sie nämlich, dass sie sich komplett an die Freiheit der Liebe und der Natur hingeben konnten und der, Obacht, »Erregung des eigenen Herzens«. Das klingt nach einem entspannten Lebensstil, war es safe auch, heißt aber gleichzietig, dass da jemand anderes die Miete und die Einkäufe bezahlt und die Blätter und Stifte für die Gedichte gekauft hat. Und das passte dann doch alles nicht so ganz zusammen, findet ihr nicht auch? Wir werden sehen, gehen wir rein.

Prometheus

(Johann Wolfgang Goethe, 1772)

So, jetzt sind wir endlich beim größten Fameboy der deutschen Literaturgeschichte angekommen: Johann Wolfgang (im Sturm und Drang noch nicht »von«) Goethe. Wir haben hier also den jungen Goethe am Start, den Stürmer und Dränger, U30-Goethe. Goethe kommt aus einer reichlich privilegierten Familie, sein Vater war Doktor der Rechte, also sollte auch klein Johann Jura studieren – im Gegensatz zu seiner Schwester Cornelia, die zwar auch vom Hauslehrer, der ja eh schon da war, ausgebildet wurde, aber dann zu Hause bei der Familie bleiben musste. Oh, how I love being a woman. Eigentlich hat Goethe auch Jura studiert, war aber so komplett räudig schlecht, dass sein Vater eine eigene Kanzlei gründen musste, damit ihn überhaupt jemand anstellte. Und damit er trotzdem noch mitbekommt, was zu Hause so abgeht, haben seine Mutter und seine Schwester ihm Briefe geschrieben – megasweet! Und die fand Johann gut geschrieben. Also, richtig gut. Fast besser als seine. Also hat er sie verbrannt – klar. Also wenn ihr denkt, euer Ex hätte ein Ego-Problem: Das von Goethe war safe größer.

Schon im Studium hat Jung-Johann angefangen zu schreiben und hatte auch erste Erfolge. 1776, mit 27 (das ist so alt, wie ich jetzt bin – lol), wurde Johann das erste Mal an den Hof in Weimar eingeladen. Er kannte sich aber null mit den Regeln aus, die es dort so gab, und sah auch nicht wirklich ein, sich an irgendwas zu halten – typisch Sturm und Drang. Außerdem hat er ein bisschen zu gern ein bisschen zu viel gesoffen, und viele Leute fanden ihn einfach nur peinlo, zum Beispiel Klopstock und Schiller. Irgendwann hat er sich selber peinlich gefunden, sich auf die Reihe bekommen und ist am Hof geblieben, wurde ultrareich und ultraberühmt und hat bis zum Schluss behauptet, Frauen könnten keine Kunst erschaffen, obwohl er genau wusste, dass zum Beispiel Cornelia durchaus dazu in der Lage war. Und auch ansonsten gibt es krass viele Beweise dafür, wie fragil sein Ego war – darüber würde sich ein Referat in der Schule lohnen, finde ich. Jetzt aber mal weiter zum Gedicht.

Prometheus ist, niemanden wundert's, jemand aus der griechischen Mythologie, und zwar einer der berühmtesten. Er soll nämlich quasi die menschliche Zivilisation geschaffen haben, indem er den Menschen das Feuer der Götter brachte. Und laut einem anderen Mythos war er es sogar, der die Menschen aus Lehm geformt hat. Allerdings hätte er da vorher vielleicht mal üben sollen, er hat nämlich ein paar Fehler gemacht und deshalb ist die Menschheit insgesamt nicht so toll geraten. Aber von vorne.

Prometheus gehört zu den Titanen, das ist ein Göttergeschlecht und, wie alle anderen Götter auch, Zeus unterworfen, weil der der Obergott ist. Prometheus soll deshalb

Zeus ein Tieropfer bringen, aber ist sneaky und gibt die besten Teile den Menschen, weil er die so gernhat – can't relate, ey, ich hasse Menschen. Zeus findet das natürlich gar nicht geil und verweigert den Menschen deswegen das Feuer. Das ist eh sau-unfair, weil die Menschen doch gar nichts dafürkönnen, dass Prometheus was angestellt hat. Na ja. Prometheus klaut aber dann das Feuer ganz frech und bringt es den Menschen, und dann ist Zeus richtig pissed, diesmal auf Prometheus selber. Und wenn Zeus in irgendwas gut ist, dann im Leute-Bestrafen. Prometheus wird gefesselt, auf eine einsame Insel gebracht, dort festgeschmiedet – sehr dramatic –, und dann kommt regelmäßig ein Adler vorbei, der ihm die Leber rausfrisst. Immer, immer wieder, weil sich die Leber nämlich ständig erneuert. Das nenn ich mal eine kreative Strafe, echt. Irgendwann kommt dann aber Herakles vorbei, schießt den Adler runter und Prometheus wird von Zeus persönlich begnadigt und ist wieder frei. Es gibt auch noch eine ganz andere Überlieferung, die Prometheus als Bad Boy darstellt, der von Zeus eine gerechte Strafe bekommt. Viele Meinungen zu dem Typ, auf jeden Fall, aber Goetheboy fand ihn ganz, ganz toll. Kleiner Not-so-funny-Fact: Auch die Nationalsozialisten waren Riesenfans von Prometheus, Hitler hat die »Arier« (also die Deutschen, wie er sie gerne gehabt hätte) als »Prometheus der Menschheit« bezeichnet. In der Zeit des Nationalsozialismus wurden diverse Statuen und andere Kunst Prometheus zu Ehren gemacht. Ich wollte nur, dass ihr das wisst, Goethe hatte davon natürlich überhaupt keinen Dunst, wie auch.

Nun aber zum Inhalt. Das Gedicht startet gleich mal

ultra-provokant, mit einer direkten Ansprache an Zeus – genauer gesagt einer Aufforderung, quasi einem Befehl an ihn. Frech! Prometheus behauptet, Götter seien komplett machtlos und neidisch auf ihn. Und dann macht er sich lustig über sie, sagt, sie seien abhängig von den Menschen, die Menschen aber nicht von ihnen. Dann kommt ein kleiner Rückblick, in dem es Baby Prometheus gar nicht gut ging und er sich deswegen an die Götter wandte. Aber egal was ihm passiert war, die Götter haben nicht geholfen. Also sieht er es auch nicht ein, sie zu ehren, wenn sie doch nichts tun außer Opfergaben annehmen und sich das Leben schön machen. Sie sind genauso Zeit und Schicksal unterworfen wie die Menschen auch, sagt Prometheus, sie können genauso Scheiße bauen und sich irren – nichts da mit Allmächtigkeit.

Was das Gedicht formal interessant macht, ist, dass es im Grunde aufgebaut ist wie eine Hymne, also ein Lobgesang. Anstatt aber Lob zu singen, wird hier Hass gerappt. Ich weiß noch, dass wir in der Schule von einer Anti-Hymne gesprochen haben. Und im Sturm und Drang lieben wir ja eh alles, was anti ist. Passend also.

Alles an dem Gedicht schreit ganz laut Sturm und Drang. Es ist zum Beispiel voller rhetorischer, passiv-aggressiver Fragen an Zeus – also die Obrigkeit. Außerdem haben wir Neologismen, also Wortneuschöpfungen, wie »Rettungsdank« und »Blütenträume«, die uns unter die Nase reiben wollen, wie genial Prometheus, aber auch Goethe ist. Und dass sie sich über die »normale« Sprache hinwegsetzen und sie erweitern, wie sie es halt grade brauchen. Weil die normale Sprache einfach nicht reicht, um sich als Genie ausdrücken zu können. Außerdem, und das ist mir fast zu plakativ, sind die Schlüsselwörter des Gedichts »Herz« und »ich« – echt, wie stürmerisch und drängerisch darf man sein? Der lyrische Prometheus ist also ein Genie, das sich nur auf sich selbst und auf sein Herz verlässt und auf keinen Fall auf Zeus oder sonst irgendeinen Gott. Und damit ist er, mitsamt dem Gedicht allgemein, eins der Top-Vorbilder im Sturm und Drang.

Es wird protestiert, es wird gemotzt, es wird gefühlt und rebelliert. Es wird Hass geschoben auf die absolutistische Herrschaft, auf die Willkür der Fürsten, auf die Ständegesellschaft und Regeln allgemein, aber es wird nicht an die gedacht, die sich nicht von Mama und Papa Geld schicken lassen können, damit sie überhaupt Zeit haben, Gedichte zu schreiben. Noch dazu versteht sich ein guter Stürmer und Dränger als Genie – was ich sehr unsympathisch finde, aber gut. Wenn man also wissen will, wie sich Sturm und Drang angefühlt hat: Das ist euer Gedicht.

Bedecke deinen Himmel, Zeus, → provokante Anrede!!
Mit Wolkendunst → macht Zeus Befehle,
Und übe, dem Knaben gleich, stressig > Anklage
Der Disteln köpft,
An Eichen dich und Bergeshöhn;
Mußt mir meine Erde
Doch lassen stehn
Und meine Hütte, die du nicht gebaut,
Und meinen Herd,
Um dessen Glut
Du mich beneidest.

keine feste Form,
freier Vers, freie Rhythmen

Ich kenne nichts Ärmeres
Unter der Sonn als euch, Götter!
Ihr nähret kümmerlich
Von Opfersteuern
Und Gebetshauch
Eure Majestät
Und darbtet, wären
Nicht Kinder und Bettler
Hoffnungsvolle Toren.

AUSRUFE
der Boy hat Gefühle

ROASTET DIE GÖTTER

Da ich ein Kind war,
Nicht wußte, wo aus noch ein,
Kehrt ich mein verirrtes Auge
Zur Sonne, als wenn drüber war
Ein Ohr, zu hören meine Klage,
Ein Herz wie meins,
Sich des Bedrängten zu erbarmen.

Wer half mir
Wider der Titanen Übermut?
Wer rettete vom Tode mich,
Von Sklaverei?
Hast du nicht alles selbst vollendet,
Heilig glühend Herz?
Und glühtest jung und gut,
Betrogen, Rettungsdank
Dem Schlafenden da droben?

Fragen über Fragen
Vorwürfe an Zeus

Ich dich ehren? Wofür?
Hast du die Schmerzen gelindert
Je des Beladenen?
Hast du die Tränen gestillet
Je des Geängsteten?

noch mehr Fragen über Fragen
⇩
Vorwürfe an Zeus

Hat nicht mich zum Manne geschmiedet
Die allmächtige Zeit
Und das ewige Schicksal,
Meine Herrn und deine?

Wähntest du etwa,
Ich sollte das Leben hassen,
In Wüsten fliehen,
Weil nicht alle
Blütenträume reiften?

Hier sitz ich, forme Menschen
Nach meinem Bilde,

→ spielt Gott

Ein Geschlecht, das mir gleich sei,
Zu leiden, zu weinen,
Zu genießen und zu freuen sich,
Und dein nicht zu achten,
Wie ich!

Geniegedanke

Kabale und Liebe

(Friedrich Schiller, 1784)

Friedrich Schiller und Goethe werden meistens in einem Atemzug genannt, aber ihr Leben hatte trotzdem krasse Unterschiede, angefangen damit, dass Schiller volle zehn Jahre jünger war als sein Kumpel. Als Friedel also mit seinem ersten Theaterstück (!) gleich fame wurde, war er grade mal 22 Jahre alt. Und obwohl Schiller unglaublich erfolgreiche literarische und ästhetische Werke geschrieben hat, in der Klassik-Gang mit den anderen Johanns war und Medizin studiert hat, hat er sein Leben lang an der Armut gekratzt. Das liegt auch daran, dass er chronisch krank war. Als er mit 45 gestorben ist, fand man bei der Obduktion raus, dass quasi alle seine Organe im Arsch waren. Und wenn man mit Klarkommen und Überleben beschäftigt ist, schreibt es sich natürlich langsamer und schwerer. Aber holy fuck, Friedrich hat so einiges geschrieben! Und zwar nicht nur literarische Werke, sondern auch philosophische und historische. Jetzt starten wir aber erst mal mit *Kabale und Liebe*, seinem dritten Stück überhaupt.

Wir haben hier ein bürgerliches Trauerspiel, Friedrich hat sich eindeutig von Lessing inspirieren lassen. Es geht nämlich darum, dass Major Ferdinand von Walter und Luise Miller, die Tochter eines Musikanten, sich verlieben.

Darüber unterhalten sich Luises Eltern am Anfang des Stücks, und es ist echt wie bei *Emilia Galotti*, der Vater ist komplett dagegen und hasst alles und die Mutter glaubt doch irgendwie an die Liebe. Dann kommt Wurm dazu, das ist der Sekretär des Präsidenten, also Ferdis Vater. Und er erklärt den beiden, dass er Luise heiraten will. Darauf sagt Vater Miller, dass seine Tochter selber entscheiden darf, wen sie heiratet, und man freut sich kurz, wie feministisch er denkt. Aber dann kommt man dahinter, dass er das nur gesagt hat, weil er Wurm nicht als Schwiegersohn will und sich rausreden wollte. Sad.

Als Luise und Ferdinand sich unterhalten, wird auf jeden Fall klar, dass sie sich wirklich doll lieben. Das Problem ist der Standesunterschied. Mein Problem mit Ferdinand ist auch, dass er so viele Gefühle hat, dass er seine Angebetete kaum reden lässt. Mir kommt es so vor, dass er einfach gern verliebt ist, in wen, ist ihm gar nicht so wichtig. Er hat richtig Bock, um sie kämpfen zu müssen, sich für sie zu opfern, er sieht sich als edlen Ritter in einer goldenen Rüstung. Er kann Luise nicht heiraten, das weiß er, und deshalb verspricht er ihr das Blaue vom Himmel herunter.

Wurm – allein der Name, ey – ist jetzt natürlich geknickt, weil sein Antrag nicht gut ankam. Also geht er zum Präsidenten und petzt, dass die beiden sich lieben. Jetzt will der Präsident sehr dringend, dass Ferdi Lady Milford heiratet – die Mätresse des Fürsten, die aber halt adlig ist. Und das verkündet er auch gleich dem Hofmarschall und sagt ihm, er solle es einfach allen erzählen, die er kennt. Dann geht Daddy zu Ferdinand, macht ihm professionell ein schlechtes Gewissen. Der Herr Präsident ist nämlich nicht ganz legal an seinen Job gekommen und Ferdi weiß das. Der Vater erklärt seinem Sohn, dass er das alles nur für ihn getan hat, damit er ein gutes Leben hat. Und damit sein gutes Leben weitergeht, soll er jetzt Lady Milford heiraten. Ferdinand kriegt einen mittelgroßen Flippaus, distanziert sich vom Präsidenten, weigert sich, zu heiraten, sie schreien sich ein bissi an, und der Präsident ist sich sicher, dass er seinen Sohn schon noch brechen kann – boys will be boys, sag ich da.

So, und dann wird's noch mal komplizierter. Lady Milford ist nämlich tatsächlich verliebt in Ferdinand. Aber bevor das Liebesdrama weitergeht, muss kurz noch bissi Kritik am Hof her, also los: Lady Milford wird informiert, dass die Brillanten, die sie vom Fürsten geschenkt bekommen hat, mit dem Verkauf von Soldaten bezahlt wurden. Der Fürst hat nämlich 7000 (wtf) junge Männer als Soldaten verkauft und dabei auch noch die erschossen, die protestiert haben. Das war damals leider gängige Praxis, es wurden Kinder und Jugendliche vom Land ins Ausland verkauft, meistens für den Kolonialkrieg in Amerika. Lady Milford bekommt an dieser Stelle im Stück die Chance, zu zeigen, dass sie ein guter Mensch ist. Sie gibt die »Blutdiamanten«, wie sie sie nennt, her, damit mit dem Erlös ausgebeuteten Menschen geholfen werden kann. Und dann kann das Liebesdrama weitergehen, Ferdi taucht nämlich auf.

Der ist ultrasauer auf Lady Milford und fährt sie richtig hart von der Seite an, bis er sich doch netterweise entschließt, ihr mal kurz zuzuhören und sie ihre Geschichte erzählen zu lassen. Sie ist nämlich eigentlich britischer Adel, ihr Vater wurde aber hingerichtet und ihre Mutter starb, also kam sie komplett ohne alles nach Deutschland, bis der Herzog sie entdeckt und von der Straße geholt hat. Mätresse ist auch echt nicht ihr Traumjob, aber was sollte sie machen. Und die Hochzeit wäre auch für sie ein nächster Schritt nach oben auf der Leiter. Vor allem, weil sie eigentlich Leuten helfen will, aber dafür braucht man Geld, Macht und Einfluss. Und Ferdi hat den. Deshalb will sie ihn unbedingt heiraten. Das checkt Ferdi jetzt auch, und deshalb beichtet er Lady Milford, dass er Luise liebt. Das beeindruckt Lady Milford nicht wirklich, weil sie weiß, dass Heirat und Liebe zwei verschiedene Dinge sind, also gibt sie noch nicht ganz auf.

Dann kommt eine Miller-Familienszene, in der Miller senior einfach komplett ausflippt und seine Frau und seine Tochter aufs Übelste beschimpft. Ein Diener des Präsidenten hat nämlich nach ihm gefragt, und dass er sich jetzt damit auseinandersetzen muss, findet er gar nicht gut. Klar, da brüllt man auch erst mal seine Familie zusammen, mach ich auch immer so. Dann kommt aber erst mal Ferdi dazu und sagt, dass er die Hochzeit mit Lady Milford abgesagt hat – was so nicht stimmt, weil das nicht in seiner Hand liegt, aber gut, für ihn fühlt es sich so an. Luise checkt sofort, dass der Präsident jetzt übel sauer auf ihre Familie sein und ihr die Schuld daran geben wird, dass Ferdinand so rebelliert.

Dann taucht der Präsident auch schon auf, samt Gefolge, und alle kriegen richtig Schiss. Er fragt Luise über sie und Ferdi aus, der sich (typisch Mann) auch angesprochen fühlt und für sie mit antwortet, was sich natürlich nicht grade deeskalierend auf die Situation auswirkt. Miller beschimpft auch munter weiter seine Frau, weil – wieso nicht. Aber als der Präsident Luise eine Hure nennt, will Miller ihn rausschmeißen. Als Antwort wird er ins Gefängnis gesteckt und Luise und ihre Mutter sollen an den Pranger. Ferdinand flippt aus, pikst ein paar Leute mit seinem Degen und droht seinem Vater, seine »Erfolgsgeschichte« rumzuerzählen, wenn er das durchzieht.

Damit sind wir im dritten Akt und die Intrige geht los. Wurm hat vor, Luise dazu zu zwingen, einen Liebesbrief an den Hofmarschall zu schreiben, den Ferdi dann zufällig in die Finger bekommen und einen angemessenen Ausraster kriegen soll. Während das geplant wird, redet Ferdinand auf Luise ein, dass sie miteinander fliehen müssen, obwohl sie ihm die ganze Zeit sagt, dass sie Angst um ihre Familie hat und nicht fliehen kann, weil ihnen dann was passieren würde. Er hört ihr aber erneut einfach null zu und labert sie voll wie ein Besoffener eine Frau an der Bar. Es ist richtig unangenehm. Und dann wird er natürlich sauer auf Luise. Klar. Ferdi haut ab, Wurm taucht auf und zwingt Luise, den Brief zu schreiben.

Ferdi liest den dann und denkt natürlich, dass Luise nur nicht mit ihm fliehen wollte, weil sie 'nen anderen hat. Als logische Konsequenz will er dann den Hofmarschall, an den der Brief gerichtet ist, erschießen gehen. Der sagt aber, dass er Luise gar nicht kennt, was Ferdi ihm natürlich nicht abkauft. Er findet ihn dann aber auch zu jämmerlich, um ihn zu erschießen. Dafür will er sich jetzt an Luise rächen. Und er rastet komplett aus, als sein Vater ihm noch sagt, dass er Luise jetzt doch heiraten kann, wenn er noch will. Was ein Ekelhafter, ey.

Zumindest schafft Luise es, Lady Milford davon zu überzeugen, dass sie Ferdinand wirklich liebt (warum auch immer). Die will Ferdinand nicht mehr heiraten und ist sogar bereit, den Fürsten abzuschießen, damit Luise nichts passiert. Sie schreibt also einen Brief an den Fürsten, übergibt ihn dem Hofmarschall, verschenkt ihren Schmuck und flieht aus dem Land.

Luise geht's währenddessen gar nicht gut, sie hat schon einen Abschiedsbrief an Ferdi geschrieben und will sich das Leben nehmen, aber ihr Vater kann sie gerade noch davon abhalten. Als Ferdinand dazukommt, bestätigt sie noch mal, dass sie den Brief wirklich geschrieben hat – schlicht aus Panik und weil sie es geschworen hat. Als Antwort bittet Ferdinand sie um ein Glas Limonade. Meine Freundin betrügt mich? Ey, erst mal 'ne Limo. Und als die kommt, schickt er Miller raus und schüttet unbemerkt Gift ins Glas.

Sie trinken die Limo beide, Luise stirbt und bringt grade noch raus, dass sie gezwungen wurde und es der Präsident war, der alles eingefädelt hat. Wie aufs Stichwort kommen Wurm und der Präsident dazu – und gefühlt auch sonst alle, die noch mitgespielt haben. Ferdi verzeiht seinem Vater noch, das Weichei, und stirbt dann auch. Aber zumindest werden Wurm und der Präsident abgeführt. Wir lieben es, wenn es Konsequenzen für den Adel gibt.

Bei dem Stück bin ich eigentlich die meiste Zeit einfach nur pissed auf entweder Miller oder Ferdinand, manchmal beide gleichzeitig. Und Luise will ich ganz, ganz dringend erklären, was eine Red Flag ist, und ihr ein feministisches Buch in die Hand drücken. Die arme Maus, ey. Seid keine Luise, ihr Mäuse, die ihr das lest. Ein Typ, der euch ständig unterbricht, liebt euch nicht. Und an die Boys: Seid kein Ferdinand, seid kein Arschkopf. Ihr könnt das besser.

Willkommen und Abschied

(Johann Wolfgang Goethe, 1775)

Sodala, Gedicht Nummer zwei von Goetheboy! Echt, wenn euch irgendwo mal ein Werk einer Frau aus dem Sturm und Drang unterkommt: Hit me up, ich will's wirklich wissen. Mit *Willkommen und Abschied* sind wir mitten in der sogenannten Erlebnislyrik, die im Sturm und Drang superbeliebt war. Die tut so, als wären wir live dabei, wenn grade etwas passiert. Die Gedichte kommen einem so vor, als wären sie in einem runtergeschrieben worden, ohne dass supergenau drüber nachgedacht oder reflektiert wurde – was wahrscheinlich nicht stimmt, das werden wir gleich sehen. Diese Art von Gedicht scheint Goethe tatsächlich erfunden und auf jeden Fall berühmt gemacht zu haben. Und in der Natur- und Liebeslyrik haben wir solche Gedichte teilweise bis heute.

In der ersten Strophe reitet das lyrische Ich zu seiner Geliebten. Es ist Nacht, es ist unheimlich, aber er freut sich auch doll, sie wiederzusehen. Die Angst vor der Umgebung und die Vorfreude haben dann ein kleines Battle, es ist halt schon alles einfach sehr gruselig. Aber je näher er dem Haus der Geliebten kommt, desto mehr gewinnt die Vorfreude Überhand. Der Umschwung kommt am Ende der zweiten Strophe. Da herrscht quasi nur noch Liebe und Freude. Die Geliebte kriegt dann eine ganze Strophe gewidmet, in der wir aber nicht mehr erfahren, als dass sie sehr schön ist. Schade, mich hätte auch interessiert, welche Bücher sie mag oder welches der Gilmore Girls sie am ehesten ist.

Dann gibt es einen Zeitsprung zum nächsten Morgen (wie bei Twilight, ey, den Sex einfach rausgeschnitten), und das lyrische Ich muss sich wieder verabschieden, mega-sad. Das Fazit ist dann aber doch, dass das Glück, geliebt zu werden, den Abschiedsschmerz und die Angst vor der Nacht besiegt, und das find ich schon arg sweet, muss ich sagen. Spannend find ich hier auch, dass Goethe erst eine Version veröffentlicht hat, in der das lyrische Ich zum Schluss weint, in der neueren Version, die wir hier vor uns haben, weint dann aber die Frau. Komisch, oder? Fast, als hätte jemand kurz Gefühle zugelassen und sich dann doch dafür geschämt. Typisch Johann.

Interessant ist vor allem aber die Sprache im Gedicht insgesamt, jetzt wird's richtig nerdig, macht euch bereit. Das alles fand ich in der 10. Klasse schon richtig geil. Erst mal die hard facts, die beweisen, dass Goethe sich wahrscheinlich doch ein bisschen mehr Gedanken über das Gedicht gemacht hat, als wir auf den ersten Blick annehmen sollen. Das Gedicht hat einen vierhebigen Jambus mit abwechselnd weiblicher/klingender und männlicher/stummer Kadenz – also die letzte Silbe ist abwechselnd unbetont und betont. Die Kadenzen ziehen sich durch das ganze Gedicht, der Jambus ist die ersten zwei Strophen komplett regelmäßig, die letzten beiden auch, aber in der Mitte kurz nicht. Wieso? Weil das lyrische Ich da die Geliebte sieht – da kann es einem die Betonung schon mal durcheinanderwerfen, versteh ich. Bei »Dich sah ich« und »Ganz war mein Herz« haben wir jeweils zwei betonte Silben am Anfang des Verses, weil da einfach so viel Liebe ist – und wahrscheinlich ist er auch horny, sagen wir es, wie es ist.

Der Reim ist durchgehend ein Kreuzreim, wobei ich schon fraglich finde, ob man »Freude« auf »Seite« Reimen kann – aber das lassen wir ihm mal durchgehen. In dem Gedicht sind außerdem volle sechs Enjambements. Heißt, da macht man am Ende des Verses keine Pause, wie man das sonst reflexartig tut, sondern geht direkt über zum nächsten Vers. Das hilft natürlich auch wieder dabei, dass sich das Gedicht schnell runterliest und unmittelbar wirkt.

Typisch für den Sturm und Drang und auch für die Erlebnislyrik, haben wir hier viele kurze Hauptsätze und viele Ausrufe. Die sind nicht nur für Excitement und andere Gefühle gut, sondern am Anfang vor allem auch dafür, rüberzubringen, dass es das lyrische Ich wirklich eilig hat, zu seiner Geliebten zu kommen. Außerdem ist auch typisch, dass die Natur genutzt wird, um den Gemütszustand des lyrischen Ichs zu beschreiben. Am Anfang ist alles dunkel und kalt und windig, und dann auf einmal ist Frühlingswetter – dabei ist es eigentlich nur fünf Minuten später. Wir finden zu Beginn auch einige Personifikationen, die zusätzlich zeigen, dass der Wald einfach wirklich fucking gruselig ist. Da sieht einen dann die Finsternis mit »hundert schwarzen Augen« an und die Nacht schafft »tausend

Ungeheuer« – das kann man nachvollziehen, wenn man im Kinderzimmer nachts mal den Kleiderschrank offen gelassen hat und sich dann komplett sicher war, dass da jemand drin steht.

Und jetzt wird's richtig nerdig. Natürlich kann man nie beweisen, ob irgendwas Absicht war oder nicht, aber dass es Zufall war, kann ich mir hier fast nicht vorstellen.

Am Anfang des Gedichts, wo alles düster wirkt, überwiegen dunkle Vokale – also A, O und U. Als dann aber die Vorfreude über die Angst siegt, haben wir plötzlich sehr viele helle Vokale – also E und I. Wie geil ist es eigentlich? Ich flipp aus. Eigentlich geht es auch gar nicht darum, rauszufinden, ob Goethe das mit Absicht gemacht hat oder nicht. Es geht bei der Analyse darum, rauszufinden, wie das Gedicht rüberbringt, was es rüberbringt. Wie kriegt ein Text es hin, dass man ihn schnell liest? Dass man das Gefühl hat, live dabei zu sein? Dass man jetzt auch ganz schnell nach Hause zu seiner Geliebten will? Merkt man, dass ich dieses Kapitel im Zug geschrieben habe? Vielleicht.

Betonung → 1 2 3 4

Es schlug mein Herz, geschwind zu Pferde! a
Es war getan fast eh gedacht. b
Der Abend wiegte schon die Erde, a
Und an den Bergen hing die Nacht; b
Schon stand im Nebelkleid die Eiche, c
Ein aufgetürmter Riese, da, d
Wo Finsternis aus dem Gesträuche c
Mit hundert schwarzen Augen sah. d

4-hebiger Jambus

Der Mond von einem Wolkenhügel
Sah kläglich aus dem Duft hervor,
Die Winde schwangen leise Flügel,
Umsausten schauerlich mein Ohr;
Die Nacht schuf tausend Ungeheuer,
Doch frisch und fröhlich war mein Mut:
In meinen Adern welches Feuer!
In meinem Herzen welche Glut!

Natur spiegelt die Stimmung wider

AUSRUFE
≙ Unmittelbarkeit

Dich sah ich, und die milde Freude
Floß von dem süßen Blick auf mich;
Ganz war mein Herz an deiner Seite
Und jeder Atemzug für dich.
Ein rosenfarbnes Frühlingswetter
Umgab das liebliche Gesicht,
Und Zärtlichkeit für mich - ihr Götter!
Ich hofft es, ich verdient es nicht!

Betonung durcheinander, weil ♥

Natur spiegelt die Stimmung wider

Doch ach, schon mit der Morgensonne
Verengt der Abschied mir das Herz:
In deinen Küssen welche Wonne!
In deinem Auge welcher Schmerz!
Ich ging, du standst und sahst zur Erden,
Und sahst mir nach mit nassem Blick:
Und doch, welch Glück, geliebt zu werden!
Und lieben, Götter, welch ein Glück!

ROM

KLASSIK (1786–1832)

Die Klassik ist der Klassiker unter den Literaturepochen. Hier haben wir die berühmtesten Werke, die berühmtesten Autoren (jep, nur Männer, allen voran Goethe und Schiller, in Kombi mit Wieland und Herder) und das große Ziel der, Obacht: Harmonie. Die deutschen Literaturboys sind also erwachsen geworden, haben auf die französische Klassik geschaut und die richtig gut gefunden, aber als dann die Französische Revolution eskaliert ist, dachten sie sich: Nä. So machen wir das nicht. Wir revolutionieren Deutschland nicht mit Gewalt, sondern indem wir die Leute zur Menschlichkeit erziehen. Und zwar mit Kunst! Ha! Revolution – but make it deutsch.

Voraussetzung dafür war eine Abhandlung von Johann Joachim Winckelmann (so viele Johanns in dieser Epoche, ihr werdet sehen) über die Nachahmung antiker griechischer Werke, interessanterweise aber in der bildenden Kunst und nicht in der literarischen. Die Theorie, die er da aufstellt, wurde zwar schon vor Beginn der Klassik von Lessing in Grund und Boden geroastet, aber die Klassik-Johanns waren trotzdem noch alle Fans. Kern dieser Theorie ist quasi der perfekte Mensch, der »edle Einfalt« und »stille Größe« haben soll. Das bedeutet ganz grob, dass die Person immer ruhig bleibt, egal ob grad die Welt zusammenbricht oder sie sich richtig mies den kleinen Zeh angehauen hat. Dass man die Umstände und alle Katastrophen, die einem so passieren, hinnimmt – sich nicht aufregt, nicht unfair wird, nicht petty, nicht nachtragend –, klingt ziemlich langweilig, wenn man mich fragt, aber gut. Perfekte Menschen, »schöne Seelen«, das waren die Helden und Heldinnen in den Tragödien der Zeit. Schade, dass die am Schluss meistens trotzdem tot waren.

Der Plan war also, unter anderem durch Literatur zu vermitteln, dass man sich moralisch richtig verhalten muss, um sich nicht ins »persönliche Verderben« zu stürzen, wie sie es genannt haben – daran wäre man dann selber schuld. Wir haben jetzt quasi genau das Gegenteil des Sturm und Drang am Start, das Allgemeine war hier wichtig, nicht die eigenen Befindlichkeiten. Nichts da Geniegedanke oder Egoismus oder Gefühle, dafür haben sich Goethe und Schiller im Nachhinein richtig doll geschämt. Hier ging's darum, dass alles in der Gesellschaft möglichst harmonisch und human sein soll – also zumindest für die reichen, weißen cis Männer. Der Rest gehörte eh nicht zur Gesellschaft, wenn man nach den Klassikern geht. Wie passend, dass sie gleichzeitig Toleranz und Menschlichkeit vorgebetet haben, nicht? Na ja.

Die Literatur aus dieser Epoche ist jetzt immer noch superfame, weil sie schon damals nicht in die Zeit gepasst hat. Das klingt erst mal komisch, ergibt aber Sinn, passt auf: Während in den meisten anderen Epochen immer aufgearbeitet wurde, was grade so passierte, wurde in der Klassik auf Zeitlosigkeit gesetzt – und zwar, indem man antike Stoffe aufarbeitete, statt sich mit der aktuellen

Lage zu beschäftigen. Deshalb muss man, je nach Werk, wenig bis nichts über die historischen Hintergründe wissen, in denen es entstanden ist, und kann es trotzdem easy verstehen, wenn man mit der komplizierten Sprache klarkommt. Epik und Lyrik waren in der Klassik eher zweitranging, die Leute sollten lieber ins Theater gehen und dort moralisch und ästhetisch erzogen werden.

Wichtig waren hierbei sehr viele, sehr strenge Regeln – wir sind schließlich in Deutschland, ne? Man hat sich nicht nur bei den Handlungen oft an die griechische Antike und ihre Mythen gehalten, sondern auch beim Aufbau der Stücke. Ich stelle vor: das aristotelische Drama, also wie ein Drama auszusehen hat nach Aristoteles. Es muss erstens aufgebaut sein wie eine Pyramide und fünf Akte haben. Im ersten werden alle Figuren vorgestellt (Exposition), dann passiert was (erregendes Moment), dann der Höhe- oder Wendepunkt im dritten Akt (Klimax), dann zögert irgendwas das Ende noch mal ein bisschen raus (retardierendes Moment) und dann kommt die Katastrophe. Katastrophe heißt in dem Fall eigentlich nur Ende, nicht unbedingt scheiß Ende, aber in Tragödien ist zum Schluss schon meistens jemand tot, also passt das Wort, so wie wir es benutzen, fast eh immer. Außerdem gibt es drei Einheiten. Die der Zeit, des Schauplatzes und der Handlung. Ihr kennt das schon aus der Aufklärung vom Gottsched. In der Klassik hat man sich wirklich dran gehalten, quasi alle Dramen sahen so aus – und dann kam Faust und hat sauber aufgeräumt, aber das kriegen wir gleich.

Die äußere Form war bei den klassischen Dramen total wichtig. Goethe hat *Iphigenie auf Tauris* zum Beispiel erst ganz normal aufgeschrieben und dann nachträglich in die Klassik-Form gebracht, bei Schillers *Don Carlos* war es genauso. Und alle standen mega auf den Blankvers. Das sind Verse ohne Reime, aber alle im Jambus (unbetont-betont, ich sag immer JamBUS) mit fünf betonten Silben. Das Stück sollte also nicht nur das richtige Thema haben und das richtige Personal, sondern auch die richtige Sprache, die aus heutiger Sicht wahnsinnig kompliziert wirkt – und das ist sie auch, ganz ehrlich.

Die Klassik ist wie keine andere Epoche an einen einzigen Boy geknüpft (und auch an einen Ort, dazu kommen wir gleich): Johann Wolfgang Goethe. Sogar die Jahreszahlen sind an ihn gebunden. 1786 war seine erste Italienreise, 1832 ist er gestorben – und in diese Zeit fällt die Klassik. Nach Italien, genauer nach Rom, sind zu der Zeit wirklich viele Kunstschaffende gefahren, weil die Antike so krass im Trend war, dass alle sich anschauen wollten, wie das früher so aussah in Rom. Goethe ist der Endboss der Klassik, alle haben sich an ihm orientiert und fanden ganz, ganz toll, was er gemacht hat.

Goethe gibt es natürlich aber nicht ohne Johann Christoph Friedrich Schiller, die beiden sind meine liebste Enemies-to-Lovers-Story – wir wissen von einem Kuss, das reicht für mich, um ihnen einen Hauch gay anzudichten. Wie gesagt, fand Schiller Goethe lange relativ peinlich und andersrum genauso. Und obwohl Goethe zehn Jahre älter war als Schiller, haben sie doch zu relativ ähnlichen Zeiten ähnliche literarische Entwicklungen durchgemacht. Best friends wurden sie dann schlagartig, als Goethe von seiner ersten Italienreise wiederkam und Schiller ihn zu sich eingeladen hat, um gemeinsam für ein Magazin zu schreiben. Da dachte sich Goethe: Jagutokay, lass dort hinfahren, da kann ich dem bisschen was über Literatur erklären, aber dann fand er Friedrich (der eigentlich auch Johann mit erstem Vornamen heißt, megafunny) doch superklug, und zack, friends forever. Also. Friends, bis Friedrich 1805 gestorben ist. Ups.

Die Klassik heißt übrigens deswegen mit Vornamen auch Weimarer – also Weimarer Klassik. Damit man den Unterschied merkt zur französischen Klassik, der Wiener Klassik, der klassischen Musik, der griechischen Klassik und den tausend anderen Klassiken, die es so gibt. Klassiken. Klassiks? Klassika? Klassiki? Was weiß ich. Auf jeden Fall haben wir hier die Weimarer am Start. Der Kern der Klassik sind nämlich die 11 Friendship-Jahre von Goethe und Schiller, die sie größtenteils in Weimar (und Jena) verbracht haben. Und auch Johann Gottfried Herder und Christoph Martin Wieland (remember? Das ist der Herausgeber vom *Fräulein von Sternheim*), die anderen zwei im Klassik-Quartett, haben überwiegend dort gearbeitet. Weimar war also der Dreh- und Angelpunkt, der place to be für Literaten zu der Zeit.

Maria Stuart

(Friedrich Schiller, 1801)

Ihr wisst ja schon, dass ich nicht der größte Schiller-Stan der Welt bin. Einfach, weil die meisten seiner Frauenfiguren mich unglaublich wütend machen. *Maria Stuart* ist auf jeden Fall mein liebstes Drama von ihm – und ihr werdet sehen, wieso.

Maria Stuart erzählt eine halb fiktive Geschichte von, wer hätte es gedacht, Maria Stuart und Elisabeth I. Elisabeth kennt ihr wahrscheinlich eh, die war die Königin von England und damit die mächtigste Frau der Welt. Ihr Problem war allerdings, dass sie nur so mitti beliebt war beim Volk und auch nur so mitti schön – also, im Stück ist das zumindest ein Problem für sie. Nicht anders zu erwarten, wenn ein Mann über zwei Frauen schreibt. Maria war die real life Königin von Schottland. Damit war sie nur so mitti mächtig im Vergleich zu Elisabeth, dafür beliebter und schöner. Und ihr Problem war, dass sie leider vielleicht aus Versehen, aber definitiv ihren Ehemann hat töten lassen. Der Mord kam natürlich nicht von ungefähr, ich will ihn auch nicht rechtfertigen, aber ich finde die Story spannend, passt auf: Maria war mit 18 Jahren schon Witwe und hat dann ihren Cousin Lord Darnley geheiratet – das war damals normal. Sie hätte eigentlich Don Carlos heiraten sollen, was lustigerweise ein anderes Drama von Schiller ist. Darnley war zwar sehr jung und feierwütig, aber die beiden waren in love, was will man machen. Darnley war allerdings Engländer, und weil Elisabeth vor der Hochzeit nicht um Erlaubnis gefragt wurde, war sie vorneweg schon mal wütend, ups. Maria war außerdem sehr eng befreundet mit ihrem Berater, vielleicht sogar etwas zu eng, zwinki zwonki, und das hat Darnley gar nicht in den Kram gepasst, obwohl der selbst Affären noch und nöcher hatte – aber er war halt auch ein Mann. Jedenfalls hat er den Berater erstechen lassen – also hat er angefangen mit dem Ermordenlassen! Kurz darauf gab es eine Explosion und Darnley war tot. Upsi. Maria musste deswegen fliehen, weil man ihr dahintergekommen ist. Sie beschließt, nach England zu fliehen, zu Lizzy, mit der sie übrigens verwandt ist, und die lässt sie sofort einsperren.

Der Stress, den die beiden miteinander haben, ist nämlich folgender: Elisabeth I. ist ein Kind aus zweiter Ehe. Das war in England komplett okay, seit Heinrich VIII. extra eine Religion erfunden hat, damit er sich scheiden lassen kann – normaler Move. Maria aber ist streng katholisch – also, so katholisch, wie man es sein kann, wenn man einen Mord beauftragt – und da sind Scheidungen nicht vorgesehen. Wenn man den Familienstammbaum also rein katholisch liest, wäre eigentlich Maria die, die in England auf dem Thron sitzen müsste. Das hat sie Elisabeth so nie gesagt, aber davor hat Elisabeth Ultra-Schiss, also lässt sie sie vorsichtshalber einsperren.

So – so weit das Hintergrundwissen, damit man das Stück überhaupt verstehen kann. Ab jetzt wird es fiktiv. Und, just for the record: Es geht mir massiv auf den Sack, dass Schiller hier ein Werk über zwei mächtige und kluge Frauen geschrieben hat und es am Ende doch wieder darum geht, wer in wen verliebt ist, wer schöner ist oder wer den Boy bekommt. Wären es zwei Könige gewesen, wäre es ein Stück über Macht, politisches Kalkül und Strategie geworden. So, jetzt aber rein ins Getümmel.

Die Handlung setzt ein, nachdem Maria schon zur Hinrichtung verurteilt worden ist – wegen des Mordes an ihrem Ehemann. Es ist also 1587, und Elisabeth zögert, das Urteil zu unterschreiben, weil sie sich nicht unbeliebt beim Volk machen will und grad eh alles bissi schwierig ist politikmäßig. Maria will währenddessen erstens ein Testament aufsetzen und zweitens sehr dringend mit Elisabeth reden. Dann kommt Mortimer, das ist der Neffe von Paulet, der wiederum der Aufpasser von Maria ist. Und der erzählt Maria, dass seine Reisen ihn jetzt zum krassen Katholiken gemacht haben, dass sie auf jeden Fall Anspruch auf den Thron hat und dass Elisabeth das Urteil aus reinem Kalkül nicht unterschreibt. Dass sie nämlich das Volk glauben machen will, das Parlament müsse sie erst zum Unterschreiben zwingen, damit sie am Ende besser dasteht – was aber Quatsch ist, sie zögert wirklich und von sich aus. Mortimer will auf jeden Fall einen auf großer Retter machen, aber Maria ist das ein bisschen too much und sie leitet ihn erst mal an Leicester weiter – der wiederum anscheinend die Affäre von Elisabeth ist, tea.

Als Nächstes kommt dann Lord Burleigh zu Maria, um

ihr die Entscheidung des Gerichts hochoffiziell zu überbringen. Maria ist sich sicher, dass das Urteil gegen sie nur gefällt wurde, weil Elisabeth Angst um ihre Macht und Stellung als Königin hat. Und dass das alles auch gar nicht so mega-rechtens ist. Burleigh geht dann natürlich einfach direkt von Maria zu Elisabeth, nur um der zu erzählen, wie evil Maria ist. Also dass die wirklich auf den Thron will und Elisabeth hasst und alles das – was für ein Arschloch.

Dann kommt auch noch Talbot als Berater der Königin daher. Der findet auch, dass Maria begnadigt werden soll, weil, Obacht: Sie ist eine Frau. Todesstrafe ist was für Männer. Das ist der einzige Sexismus, den ich durchgehen lasse. Außerdem meint er, dass Maria nicht dem englischen Recht unterliegt, weil sie aus Schottland ist – und damit nur ihrer eigenen Rechtsprechung Folge leisten muss, megapraktisch. Jetzt haben wir die wichtigsten Leute auch endlich durch. Ich weiß, es sind viele, aber das sind halt alles irgendwelche Grafen, die da am Hof rumgeiern.

Sodala. Jetzt geht Elisabeth zu Mortimer und sagt: »Ey, Folgendes, ich will dieses Urteil echt nicht unterschreiben müssen, das stresst mich voll. Kannst du nicht Maria einfach umbringen und dann hat sich der Bums?« Damit ist Mortimer komplett überfordert, weil er – wie alle irgendwie – in Maria verliebt ist und sie deswegen natürlich retten will. Leicester, die Affäre von Elisabeth – nur zur Erinnerung –, ist nämlich auch in Maria verliebt, obwohl er sie mal hätte heiraten sollen und sie dann für Elisabeth (!) hat sitzen lassen. Die hat ihn dann allerdings halt auch nicht geheiratet. Tja, jokes on you, Fuckboy.

Und jetzt kommt meine Lieblingsszene, Kids: das Treffen der Königinnen (das es in echt nie gegeben hat, nur nebenbei). Der Grundstreit ist der, dass Elisabeth Maria nicht unterwürfig genug findet, aber Maria davon überzeugt ist, gar nicht unterwürfig sein zu müssen, schließlich sind sie beide Königinnen und deshalb auf Augenhöhe. Das Stück ist so geschrieben, dass wir auf Marias Seite stehen (siehe Titel), aber beim zweiten Mal Lesen war ich dann tatsächlich mehr auf Elisabeths Seite, wenn ich ehrlich bin. Na ja, weiter im Text mit dem königlichen Bitchfight. Ihr seid nicht ready, ich sag es euch.

Also die beiden streiten so ein bisschen vor sich hin, und dann sagt Elisabeth zu Maria, dass es jetzt wirklich einfach aus ist, weil kein Mann sie mehr retten und ihr Ehemann werden will und sie ihre »Freier« sowieso immer tötet, so wie ihre Ehemänner. Sie nennt also Maria eine Hure. In her face. (Das ist kein privater Shade von mir gegen Sexarbeiter*innen, das war nur damals eine der dollsten Beleidigungen für eine Frau.) Und sie schiebt später noch mal hinterher, dass bei Maria jeder mal randarf – was hochgestapelt ist, wenn man sich Elisabeths Affären mal rausrecherchiert. Maria erträgt lange alles, aber irgendwann explodiert sie und weiß in dem Moment, wo sie es ausspricht, dass sie gerade ihr eigenes Todesurteil unterschrieben hat: Sie nennt Elisabeth einen Bastard (also ein uneheliches Kind, weil sie eben ein Kind aus zweiter Ehe ist, die es im Katholizismus gar nicht gibt). Sie sagt, Elisabeth habe den Thron entweiht und dass, wenn es rechtens zugehen würde, Elisabeth vor ihr im Staub liegen müsste, weil sie selbst die wahre Königin ist. Puh, ey, was ein Move.

Maria wird wieder ins Verlies gebracht, wo dann noch mal Mortimer auftaucht und ihr erklärt, wen sie alles umlegen müssen, damit er sie retten kann. Und Maria sagt nur, er solle es einfach lassen, es ist jetzt rum, sie hat verloren und will ihre gerechte Strafe entgegennehmen – very klassik von ihr. Zwischendurch gibt es einen Mordanschlag vonseiten der Franzosen auf Elisabeth, what the fuck, und sie findet raus, welches Doppelleben Leicester führt und ist ultra-pissed. Leicester redet sich so schlecht raus, dass nicht mal Elisabeth ihm ganz glauben kann, obwohl sie in ihn verschossen ist. In ihrer Wut auf Maria unterschreibt sie das Todesurteil, von dem Maria längst denkt, dass es schon unterschrieben ist. Elisabeth fühlt sich auch direkt schuldig, aber da ist es auch schon zu spät.

Maria beichtet dann als gute Katholikin, die sie ist, drei Sünden: ihre Liebe zu Leicester, ihren Hass gegen Elisabeth und dass sie ihren Mann hat töten lassen. Und sie lässt richtig krass raushängen, wie sie allen verzeiht, ihre Gaben verteilt und alles hinnimmt. Auf dem Weg zur Hinrichtung shadet sie dann noch Leicester, dass er sie für Elisabeth verlassen hat und jetzt doch alleine dasteht, hehe. Und da nervt mich Maria echt, weil sie so tut, als wäre sie so superausgewogen und gerecht und cool mit allem, obwohl sie sich im Gespräch mit Elisabeth nur kurz hätte zusammenreißen müssen, um vielleicht doch weiterleben zu dürfen.

Elisabeth wartet dann darauf, dass Burleigh oder Leicester ihr berichten, dass die Hinrichtung vollzogen wurde. Die kommen aber nicht, dafür taucht Talbot auf. Der erzählt, dass das Urteil gegen Maria auf der Falschaussage eines Dieners basiert und der das eben aus Schuldgefühlen heraus laut in die Menge gerufen hat. Da will Elisabeth jetzt natürlich noch mal nachforschen, aber Maria ist halt jetzt auch schon tot, gell. Und dann verhängt Elisabeth noch ein paar Strafen, einfach weil sie's kann: Sie verbannt Burleigh und sperrt den Diener ein, der das Todesurteil überbracht hat, weil sie ihm nie gesagt hat, dass er es überbringen soll (hat sie doch). Dann will sie noch, dass Talbot ihr neuer Berater wird, aber der hat keinen Bock, und sie schreit nach Leicester, aber der ist nach Frankreich abgehauen. Und Elisabeth steht ganz alleine da. Sad.

Panthea
(Luise Adelgunde Victorie Gottsched, 1744)

Man darf mich eigentlich wirklich nicht über Luise Gottsched reden lassen, weil ich dann nie wieder aufhör. Ich fangirle diese Frau so hart, es ist fast unangenehm. Also, wir haben ja in der Aufklärung schon über Johann Christoph Gottsched geredet – der mit der Dramentheorie. Well, Johann war mit Luise verheiratet und zu Lebzeiten war sie deutlich berühmter als er. Sie wird von diversen Leuten die wichtigste Dramatikerin des 18. Jahrhunderts genannt, und das zu Recht, finde ich. Sie hat aber nicht nur Theaterstücke veröffentlicht, die sie – im Gegensatz zu ihrem Mann, lol – geschrieben hat, sondern auch wissenschaftliche Werke, Lyrik, Zeitungsartikel, die Frau war ein Allroundtalent. Außerdem hat sie ihrem Boy auch beim Schreiben und Übersetzen geholfen. Mit seiner Dramentheorie war sie aber nicht ganz einverstanden, also hat sie später ihre eigene veröffentlicht. Sie fand nämlich nicht, dass man tausend Regeln einhalten müsse, um gute Literatur zu schreiben. Boss-Move.

Dass sie das alles getan hat, war natürlich sowieso ganz

und gar nicht der Regelfall. Bei Vorlesungen durfte sie zum Beispiel – obwohl sie die zusammen mit ihrem Mann geschrieben hatte – nur hinter verschlossener Tür mithören. Sie hat auch immer wieder betont, dass sie gar keine Autorin sein will, sondern eher die Gehilfin ihres Mannes. Das kauf ich ihr aber nicht ganz ab, bin ich ehrlich, ich glaube eher, sie wusste, dass es sonst Stress gibt zu Hause. Dass Luise an Johanns Ego gekratzt hat, ist sehr offensichtlich. Vor allem, wenn man sich anschaut, dass er nach ihrem Tod eine 19-Jährige geheiratet hat, die mit Literatur und Schreiben gar nichts mehr am Hut hatte. Und er war da 62. Große Red Flag.

Das Stück passt natürlich von der Jahreszahl her nicht so ganz in die Klassik, ich habe es aber trotzdem hier reingepackt, weil es, was den Aufbau und alles angeht, eben ein klassisches Drama ist. Und nicht nur das, es ist das erste klassische Drama, das erste Regeldrama, das in Deutschland von einer Frau veröffentlicht wurde. Und es war sauberühmt und -beliebt, als es rauskam.

Hauptfigur ist, wie es im klassischen Drama so üblich ist, eine Person aus der Antike: Pantheia. Ob es sie wirklich gegeben hat, wissen wir nicht so ganz genau. Manche Könige (wie hier Großkönig Kyros II.) haben zwar Lebensbeschreibungen verfasst, aber es ist in Bezug auf so einiges bewiesen, dass die da arg rumgelogen haben, also bleibt es offen. Angeblich gab es aber einen König namens Abradatas, der über Susiana geherrscht hat, einen Teil Persiens. Und dessen Frau Pantheia soll ultra-hot gewesen sein. So hot,

dass sie wohl schon kaum mehr menschlich gewesen zu sein scheint – in manchen Erzählungen ist sie tatsächlich auch irgendwie magic, was die Annahme stützt, dass es sie wahrscheinlich eher nicht gegeben hat. Auf jeden Fall wurde sie von einem anderen König Persiens gefangen genommen. Er war aber ein Netter und hat sie nicht angefasst. Ihr Mann kam dann in einer Schlacht ums Leben, und sie war so sad, dass sie sich hinterher umgebracht hat. So weit die Story in den antiken Erzählungen. Jetzt geht's los mit dem Drama!

Wir sind am Anfang des Stücks schon bei König Cyrus, nachdem er das Land ihres Mannes erobert und sie gefangen genommen hat. Heißt, Susiana gehört jetzt schon Cyrus. Abradat fand aber, dass Cyrus richtig gut und fair gekämpft hat, also sind die beiden jetzt Freunde. So eine feindliche Übernahme des eigenen Gebiets kann man schon mal verzeihen, gell. Er geht sogar so weit, dass er Cyrus bei der Eroberung anderer Gebiete helfen will, weil Cyrus einfach so ein geiler König ist, dass alle in den Genuss kommen sollen.

Weshalb genau Panthea dann trotzdem in Gefangenschaft sein muss, erschließt sich mir nicht ganz, aber so ist es halt. Cyrus will sie aber immerhin bald freilassen, als neue Motivation für Abradat, damit der brav weiterkämpft. Davon ist Hystaspes, ein Feldherr von Cyrus, gar kein Fan. Der findet nämlich, Cyrus sollte zusehen, dass er Abradat unauffällig loswird – ihr wisst, was ich meine –, und dann Panthea selbst heiraten. Tada, da ist er, der Bösewicht der Geschichte. Cyrus weist ihn zurecht, deswegen ist Hystaspes jetzt sauer. Also geht er zu Abradat und erzählt ihm, dass seine Frau nicht mehr so ganz in ihn verliebt ist und Cyrus sie ihm wegnehmen will.

Dann sprechen Panthea und Cyrus, und sie bedankt sich dafür, dass er einen Wächter, der sich ihr gegenüber nicht beherrschen konnte, woandershin versetzt hat, nämlich mitten ins Kriegsgebiet – dass damals schon ein Mann dafür bestraft wurde und nicht die Frau! Mega. Vor der Schlacht haben Panthea und Abradat dann noch mal die Gelegenheit, miteinander zu quatschen, und sie kann ihm alles ausreden, was ihm Hystaspes so an Blödsinn erzählt hat. Und dann knutschen sie auch noch ein bisschen.

Im zweiten Akt kommt Araspes wieder – das ist der Wächter, der weggeschickt wurde – und ist krass neidisch auf Abradat. Cyrus fragt Araspes darüber aus, was er bei den Feinden so erspitzeln konnte, und findet, dass er das so gut gemacht hat, dass er bei der Schlacht nicht kämpfen soll, damit er noch länger als Spitzel erhalten bleibt. Da fühlt sich Araspes natürlich in seiner männlichen Ehre gekränkt. Ihr ahnt schon, wer der zweite Bösewicht des Stückes ist, oder? Es kommt dann noch ein anderer Herrscher, Gobrias, zu Cyrus und will mit ihm zusammen gegen Neriglossor kämpfen, der seinen Sohn getötet hat, obwohl sie einen Deal hatten.

Die beiden machen dann Folgendes aus: Sie besiegen zusammen Neriglossor, Gobrias Tochter Nikothris heiratet Araspes, und wenn Gobrias stirbt, kriegt Cyrus seine Gebiete auch noch. Währenddessen planen Araspes und Hystaspes aber, dass sie Abradat umbringen wollen, weil sie beide neidisch auf ihn sind. Der eine, weil er eine Truppe anführen darf, der andere wegen seiner Frau.

Der dritte Akt ist dann eigentlich nur voller Deals, wer im Falle des Falles was bekommt, wer auf wen aufpassen soll und was der Notfallplan ist, der Notfallnotfallplan und der Notfallnotfallnotfallplan. Nikothris ist jetzt bei Panthea, um von ihr zu lernen, wie man tugendhaft ist, aber auch, weil Panthea krass Angst um Abradat hat. Sie sagt jetzt schon die ganze Zeit, dass sie sich umbringt, wenn er stirbt, deshalb soll Nikothris sie auch ein bisschen beruhigen.

Für den vierten Akt bleiben wir bei Nikothris und Panthea. Panthea will als Ablenkung von ihren Sorgen von Nikothris wissen, wie es so war, als ihr Bruder umgebracht worden ist – normal. Danach erklärt Panthea ihr, dass Araspes, den Nikothris ja heiraten soll nach der Schlacht, kein guter Typ ist und dass sie sich in Acht nehmen soll. Wie aufs Stichwort kommt er dazu, der hat safe gelauscht. Er und Panthea zanken sich dann, weil sie ihn feige nennt und er ein zu großes Ego hat, also droht er ihr noch, bevor er wieder geht. Und dann erzählt Panthea Nikothris die ganze Story und schimpft auf Cyrus, weil der wohl zu denken scheint, dass ein kleiner Spitzelauftrag aus einem Lüstling einen Ehrenmann macht – das ist meine eigene Wortwahl, ich bin selber beeindruckt. Nikothris entscheidet daraufhin das einzig Richtige: Never ever will sie diesen Arsch heiraten.

Dann kommt ein erster Bote und berichtet, dass es nicht gut aussieht an der Front. Deshalb will Araspes die Frauen in Sicherheit bringen, Panthea will aber lieber selber kämpfen und kann nur mit Mühe aufgehalten werden. Ein zweiter Bote kommt und erzählt, dass Cyrus wohl doch gewinnt. Dann wird sich gestritten, und verschiedene Leute behaupten, dass entweder der erste oder der zweite Bote lügt. Panthea glaubt dem zweiten spätestens in dem Moment, als er ihr erzählt, dass Abradat umgekommen ist. Für Panthea ist jetzt klar: Sie muss auf das Feld und zu ihrem toten Mann, um sich an seiner Seite selbst zu töten und sich so wieder mit ihm zu vereinen.

Dann kommen wir zum letzten Akt. Cyrus ist wieder da und happy, weil er gewonnen hat. Er will die Beute unter Gobrias und Panthea aufteilen, weil er sich für Abradats Tod die Schuld gibt. Panthea gibt ihm recht (sassy), aber sie gibt sich auch ein bisschen selbst die Schuld, weil Abradat aus Liebe zu ihr gestorben ist. Cyrus verspricht noch, dass er ein Grabmal bauen will, und andere tolle Dinge, aber die interessieren Panthea nicht und sie geht.

Kurz darauf kommt Nikothris zu Cyrus und erzählt, dass Panthea sich umgebracht hat, weil sie nur bei Abradat glücklich sein könne.

Cyrus ist jetzt richtig verzweifelt. Er sagt, er hätte lieber verloren, als Panthea und Abradat zu verlieren. Dann klärt Nikothris aber auf, was der Bote erzählt hat: Abradat soll nämlich nicht einfach so im Kampf gestorben sein, sondern durch einen seiner eigenen Leute. Daraufhin gibt Araspes zu, dass er den Mord in Auftrag gegeben hat, weil er Panthea liebt. Die ist ja aber jetzt auch tot, also nimmt er Cyrus seinen Dolch ab und ersticht sich. Hystaspes nutzt die Gelegenheit für sich und setzt seinen Lügen noch die Krone auf, indem er ganz angeberisch erzählt, dass er Araspes den Mord ausreden wollte, der aber nicht auf ihn gehört habe – opportunistischer Arsch.

Um Panthea und Abradat zu ehren, will Cyrus ein großes Mahl für alle veranstalten und eine Gruft errichten. Die Leiche von Araspes soll stattdessen geächtet und geschändet werden.

Ich weiß, das klingt alles doll, und das ist es auch. Aber es ist auch nicht doller als *Iphigenie auf Tauris* oder *Don Carlos*. Es ist ein top klassisches Drama, und es ist wahnsinnig beeindruckend und einfach schön zu sehen, dass eben nicht nur Männer so was schreiben können, auch damals nicht. Das Stück wurde, als es herauskam, kritisiert, weil Panthea kein gutes Vorbild für junge Frauen sei – sie würde sich zu sehr von ihren Gefühlen leiten lassen. Als Person, die aber zum Beispiel *Emilia Galotti*, *Maria Stuart* und *Stella* gelesen hat, kann ich nur sagen: Sie ist ein besseres Vorbild als die meisten Frauenfiguren in anderen, ähnlichen Dramen. Also Maul!

Faust

(Johann Wolfgang von Goethe, 1808)

Jetzt kommt er. Der Klassiker aller Klassiker: *Faust* – der erste Teil, der zweite ist einfach nur crazy. Faust war wohl tatsächlich ein Typ, den es echt gegeben hat, um 1500 ungefähr war das. Der war Wunderheiler, Magier und Wahrsager, aber auch Astrologe und Alchemist – also so was wie ein Chemiker. Und um den gibt es so viele Legenden und Mythen, dass ihm die Leute irgendwann alles zugetraut haben. Vor allem aber, dass er einen Deal mit dem Teufel eingegangen ist. Er ist nämlich anscheinend bei einem Experiment gestorben, bei dem es irgendwas so dermaßen zerrissen haben muss, dass seine Leiche ... na ja, nicht mehr so top in Schuss war. Und die Leute dachten sich: Krass, wer so zugerichtet ist, kann nur einen Pakt mit dem Teufel gehabt haben, der ihn dann einfach zerfetzt hat. Also, alles cool und normal.

Goethe ist auch nicht der Einzige, der über den Boy etwas Literarisches geschrieben hat, aber in Deutschland auf jeden Fall der fameste, und das kam erst im Nachhinein, was ich wirklich ultrafunny finde. Als Faust rauskam, waren sich die Leute wirklich uneins, ob sie das jetzt gut finden oder ob Johann einfach ein bisschen zu viel Opium genommen und gesoffen hat. Ist auch logisch, schließlich missachtet er in Faust quasi alle Regeln für eine Tragödie, die er selbst mit aufgestellt hatte. Erst zehn Jahre nach Veröffentlichung wurde das Stück zum ersten Mal aufgeführt! Und jetzt ist es das berühmteste deutsche Drama überhaupt. Weird und anders wird also zum Klassiker, wie schön. Also rein in das Ding!

Wir steigen erst mal mit ganzen drei Prologen ein, man gönnt sich ja sonst nichts. Im ersten geht es um den Schaffungsprozess des Stückes und wie sich der so anfühlen kann. Im zweiten streiten dann ein Theaterdirektor, ein Dichter und ein Schauspieler darüber, was ein gutes Stück ausmacht, und im dritten steigen wir dann in die Rahmenhandlung ein. Im Himmel kommt Mephisto, also der Teufel, zu Gott und macht sich erst mal über ihn lustig. Dann kommen die beiden auf Faust, und Mephisto meint: »Ey, wenn ich den verführt kriege und er vom rechten Weg abkommt, dann gehört er mir, Deal?« Gott sagt top, die Wette gilt, und auf geht's!

Wir starten dann in die Haupthandlung des Stücks mit dem ersten Teil, der Gelehrtentragödie. Faust weiß nämlich ungefähr alles, was man an der Uni so lernen und lehren kann, aber er hat trotzdem das Gefühl, dass er gar nichts weiß. Einfach, weil die Wissenschaft es nicht hinkriegt, zu erklären, »was die Welt im Innersten zusammenhält« (very famous Zitat an der Stelle). Und weil er so sad ist, tut er, was man halt tut: Er beschwört einen Erdgeist. Der kann ihm aber auch nicht weiterhelfen, also will er sich kurz umbringen, tut er dann aber doch nicht, und Wagner, sein HiWi, überredet ihn zu einem Spaziergang – klassischer Fall von: Du bist depressiv? Geh doch mal raus! Uff.

Auf dem Heimweg von diesem Spaziergang folgt Faust ein Pudel, der sich dann als Mephisto herausstellt – I hate when that happens. Und der schlägt Faust dann einen Deal vor: Wenn Mephisto es schafft, dass er sein Leben genießt, dann gehört seine Seele ihm. Faust glaubt nicht daran, dass das passieren könnte, also schlägt er ein, und los geht die Reise.

Als Erstes versucht Mephisto das Naheliegendste: saufen. Davon ist Faust aber nicht so Fan, also weiter in die Hexenküche, logisch. Hier wird Faust verjüngt. Wie alt er war und dann ist, wird nirgends genau erwähnt, aber nur so viel: Faust ist ein alter Mann. Und auch, wenn die Hexe seinen Body aufbrezelt, ist er immer noch ein alter Mann. Das macht alles, was jetzt kommt, sehr ekelhaft.

Auftritt Gretchen und aus ist es mit der Gelehrtentragödie. Alles, was Faust jetzt noch will, ist sie: das 14-jährige christliche, unschuldige Vorzeigekind. So unschuldig, dass Mephisto keine Macht über sie hat, weil kein Funken Sünde in ihr steckt. Aber Faust, der alte Bock in jungem Gewand, will sie haben, also legt Mephisto los und schenkt ihr Schmuck. Das brave Gretchen bringt ihn gleich ihrer Mutter, die ihn wiederum dem Pfarrer gibt. Also schenken sie ihr noch mal Schmuck und den behält sie dann. Zack, da ist sie am Haken.

Mephisto bandelt dann mit Marthe, Gretchens Nachbarin, an und sie gehen auf das berühmteste Doppeldate der deutschen Literaturgeschichte. Und während Gretchen und Faust sich eher unschuldig unterhalten und zum Schluss küssen, hihi, vögelt Mephisto einfach mit Marthe. Geilo. Beim zweiten Date kommt dann die berühmte Gretchenfrage: »Nun sag, wie hast du's mit der Religion?« Faust weicht, plötzlich ganz Politiker, gekonnt aus, was Gretchen schon ein bisschen komisch vorkommt, aber sie lässt es ihm durchgehen. Er übergibt ihr dann einen Schlaftrunk, den sie ihrer Mutter verabreichen soll, damit er abends vorbeikommen kann – zwinki, zwonki. Und am nächsten Morgen ist Gretchen schwanger und ihre Mutter tot. Ja, Scheiße.

Die nächste Szene ist dann einfach pures Slutshaming. Am Brunnen unterhalten sich Gretchen und Lieschen über Bärbelchen (lol), die schwanger ist und jetzt verlassen wurde. Lieschen gibt ihr selbst komplett die Schuld, und Gretchen bleibt mit einem extrem schlechten Gefühl im Bauch zurück – und ihrem Fötus. Und sie bereut es, sich auf Faust eingelassen zu haben. As she should! Wie Chrissy Chlapecka sagen würde: He is not the love of your life, he is literally just a guy. Hit him with your car!

Jetzt schaltet sich Valentin, Gretchens Bruder, ein und will Faust töten, weil er seine Schwester »entehrt« hat. Mephisto ersticht ihn, und jetzt hassen wirklich alle Gretchen, sie soll auch noch an seinem Tod schuld sein. Klar, schieb es auf das Mädchen, nicht auf die toxische Männlichkeit, ist ja nichts Neues.

Während Gretchen jetzt keine Familie und keine Ehre mehr hat, preggo ist und nur noch beten kann, macht

Faust das, was Fuckboys tun, nachdem sie Scheiße gebaut haben: Er haut ab. Und zwar auf die Walpurgisnacht. Die kennt ihr vielleicht schon von Bibi Blocksberg, das ist so eine Riesenparty, wo sich alle Hexen treffen. Hier ist es aber weniger Disco und dafür mehr Sex – kurz, es ist eine Orgie. Die, weil Magie, für die Anwesenden eine Nacht, in real time aber neun Monate dauert. Neun. Fucking. Monate. Dass Faust sich da überhaupt noch mal zurückzukommen traut, ich hätt dem so dermaßen eine geschallert, Alter.

Genau das tut er aber: Er kommt zurück zu Gretchen. Die sitzt mittlerweile im Kerker, weil sie in den neun Monaten Zeit hatte, ihr Kind zu kriegen und es aus lauter Überforderung umzubringen. Faust will jetzt Retter spielen und Gretchen befreien, aber die hat einfach keinen Bock mehr auf ihn. Sie findet, sie hat die Strafe verdient, die sie bekommt, und Faust soll sich einfach schleichen (süddt., österr. für abhauen). Lieber gar kein Leben als ein Leben mit dem, da bin ich voll bei ihr. Und damit endet der Tragödie erster Teil.

In der Literaturwissenschaft wird sehr gern diskutiert, ab wann Gretchen sich schuldig gemacht hat. Beim Annehmen des Schmucks, beim ersten Kuss, als sie ihrer Mutter den Trank gegeben hat, beim Sex, bei Valentins Ermordung oder beim Ermorden ihres Kindes. Ich finde, Gretchen ist einfach ein Opfer der Umstände. Was soll ein »arm unwissend Kind«, wie sie sich selber nennt, denn tun, wenn literally der Teufel die Finger mit im Spiel hat!? Faust ist der Erwachsene, und er ist mehr als willens, Gretchen mit sich in den Abgrund zu reißen, das sagt er nach ihrem ersten Date zu Mephisto. Sie ist ihm egal. Er liebt sie nicht, er will sie nicht heiraten, er wollte sie einfach nur vögeln und ist dann abgehauen, der Wichser. Sogar Mephisto checkt, dass Faust schuld ist an dem, was mit Gretchen passiert ist. Sind wir doch ehrlich: Sie hätte sich noch so lange gegen Faust wehren können, irgendwann wäre sie eingebrochen, wenn der Dr. Dr. Dr. Prof. ihr so schmeichelt und Mephisto wer weiß was tut, um sie gefügig zu machen. Mein Hot Take also: Gretchen ist gar nicht schuldig. Gretchen wurde schuldig gemacht. Und zwar von Faust. Aus reinem Egoismus. Nicht aus Liebe, nicht mal aus Lust, einfach weil er genau die haben wollte, die er laut Mephisto nicht kriegen konnte.

Was das Stück jetzt zum Überklassiker macht, ist das Streben nach Glück. Die Suche nach dem, was einen glücklich machen kann. Und das unweigerliche Verkacken auf dem Weg dahin. Faust verkackt richtig hart. Obwohl er ach so klug und ach so gebildet und laut Gott ein guter Mensch ist. Die Suche nach Glück macht einen manchmal zum Arschloch – auch wenn Faust wirklich übers Ziel hinausgeschossen ist. Aber die Kernfrage ist für mich, wie weit man gehen darf für das eigene Glück. Und die wird wohl immer aktuell sein. Man kann also Goethes *Faust* für ein absolutes Meisterwerk und die Figur Faust gleichzeitig für einen kompletten Wichser halten. Das schließt sich gegenseitig nicht aus, ganz im Gegenteil.

Fun Fact noch: Im zweiten Teil, der wirklich nur noch wirr ist, rettet Gretchen Faust sogar zum Schluss. Was er wirklich nicht verdient hat, finde ich, aber da war Goethe wohl anderer Meinung. Als Faust stirbt und Mephisto denkt, er hätte jetzt endlich gewonnen, taucht Gretchen auf. Und die hat wohl so viel gebetet und Buße getan, dass es für sie beide reicht. Statt mit Mephisto in die Hölle geht Faust mit Gretchen, und sie hat ihn dann im Paradies auch noch am Hals. Schade.

ROMANTIK (1795–1835)

Die Romantik war ebenfalls eine europäische Epoche, wenn sie auch in den verschiedenen Ländern sehr unterschiedlich verlief. Auf jeden Fall war sie wieder deutlich persönlicher, privater und gefühlvoller als die Klassik, aber nicht in die aggressive Richtung wie der Sturm und Drang, sondern eher ... na ja, fluchtmäßig. Wie in der Klassik ging es weniger um aktuelle Themen oder Kommentare zur Zeit. Man hat sich zurückbesonnen, ausnahmsweise aber nicht auf die Antike, sondern aufs Mittelalter – look how far we've come. Dieses Mal haben wir zumindest unsere eigene Kultur recycelt.

Im heutigen Sprachgebrauch ist »romantisch« ja auch noch unterwegs, wobei es eher immer benutzt wird, um die Wirklichkeit schönzureden, hab ich das Gefühl. Wenn ich also irgendwo »romantisches Hotel« lese, bin ich auf minikleine Zimmer, Blumensofas und schlechtes Licht vorbereitet. Ganz oft ist »Romantik« heute aber auch einfach Kitsch – und da bin ich dann raus. In der Romantik verstand man darunter aber, dass man sich von klassischen Formen abwendet und die Themen, über die man schreibt, eben nicht aus der Antike, sondern aus der eigenen Geschichte und Kultur holt. Das war am Anfang noch als Ergänzung zur Klassik gedacht, wurde aber schnell eine krasse Gegenströmung dazu. Goethe zum Beispiel hat entsprechend zurückgebeeft und nannte die Klassik »das Gesunde« und die Romantik »das Kranke« – weird Flex von einem, der mit fast achtzig eine Jugendliche heiraten wollte, aber gut.

In der Romantik wurde die Aufklärung irgendwann ganz schön gehatet. Alles rational sehen und erklären zu wollen galt jetzt als Beschränkung, weil man davon überzeugt war, so nie alles wahrnehmen, geschweige denn verstehen zu können. Das hielt man nicht nur für nicht klug, sondern auch für »undeutsch« – spätestens nach 1933 ein stressiger Begriff, bin ich ehrlich. Frankreich spielte als Vorbild trotzdem eine Rolle, wie immer. Von der Französischen Revolution wollte man sich jetzt aber nicht mehr die politische Einstellung anschauen, sondern die grundsätzlichen Ideen – wie auch immer man die ohne Politik umsetzen soll. Die politische Revolution war jetzt auf einmal nicht mehr das Ziel, sondern die Basis für eine sogenannte »Revolution des Denkens« – die man sich auch sehr unterschiedlich vorstellen kann. Dass wir auch von der politischen Revolution noch meilenweit entfernt waren, ignorieren wir hier aber einfach gekonnt.

Frankreich spielte eine große Rolle im deutschen Leben, weil Napoleon sich immer weiter ausgebreitet, Kriege geführt und Gebiete gewonnen hat. Dadurch setzte sich in Deutschland immer mehr ein nationalistisches Denken durch. Hier hat man sich auch auf die »deutschen Eigenschaften« geeinigt, die uns bis heute nachgesagt werden: treu, bieder, ernst, ehrlich, tapfer – nur pünktlich fehlt noch. Es bildete sich ein neues Verständnis als »deutsches Volk« heraus, das sich als »wir« gegen »die«

– also die Franzosen – abgrenzen und wenn nötig gegen sie kämpfen kann. Das hat natürlich auch eine Rolle in der Literatur gespielt. Es gab Kampf- und Befreiungslyrik, die wirklich alle Klischees bedient hat, die es so gibt über die Deutschen. Außerdem wurde die These aufgestellt, dass Deutschland eine besondere Rolle in der Weltgeschichte spielt – was aus jetziger Sicht auch stimmt, aber im negativsten Sinne.

Der Nationalismus war ein wichtiges Thema, aber wenn man sich anschaut, welche Inhalte in der romantischen Literatur sonst noch in waren, kommt man an der Magie nicht vorbei. Alles, was irgendwie weird, irgendwie anders, irrational oder unerklärbar erschienen ist, war spannend. Da ergibt es auch Sinn, dass man Fan vom Mittelalter war, weil da ja noch so ziemlich alles magic war – easy, wenn man als Wissenschaftler*in quasi gleich auf dem Scheiterhaufen landen konnte.

Nicht weiter verwunderlich ist da, dass eines der Top-Themen das Unendliche war. Da kam nämlich alles zusammen: Religion, Mythologie, Philosophie, Wissenschaft und Kunst. Es ging um die Schönheit der Unendlichkeit, um die Sehnsucht danach, darum, wie man sie sich vorstellt und wie sie sich im Endlichen zeigt – symbolisch natürlich. Wo wir beim nächsten Romantik-Trend wären: dem Symbolismus. Es wurde fest davon ausgegangen, dass die Natur eine Seele hat, die mit der menschlichen Seele verbunden ist. Menschen, Tiere, Pflanzen und auch sonst alles stehen also in einem Zusammenhang, können kommunizieren und haben eine »kosmische Ordnung«. In der Romantik stand man unglaublich auf

Eso-Zeug. Das ist die Epoche für Edelstein- und Astrologie-Girlies. Man suchte sich also meistens in der Natur Symbole für diese Ordnung bzw. diesen Zusammenhang, machte da Kunst drüber oder draus, und zack, hatte man symbolische Kunst.

Gattungen, die bis hierhin streng voneinander getrennt waren und alle unterschiedlichen Regeln unterlagen, wurden jetzt wild durcheinandergemischt, Regeln an sich gab es nicht mehr. Das lag daran, dass die Kunst vom Unterbewussten gesteuert werden sollte, das lässt sich halt schwer in eine Regelpoetik stecken. Man verband außerdem ganz verschiedene Kunstformen. Kunstlieder aus der Romantik zum Beispiel sind Gedichte, die gesungen und mit Klavier begleitet werden. Aber auch Inhalte wurden nicht mehr getrennt. Also ist das jetzt ein Gedicht? Ist es Philosophie? Ist es Wissenschaft? In der Romantik ist alles alles. Dazu passend hat Friedrich Schlegel in der Romantik den Begriff der »progressiven Universalpoesie« berühmt gemacht. In der Poesie soll also alles vorhanden sein, alle Gattungen, alle Inhalte, sie soll alle Sinne ansprechen. Sie soll Traum, Wirklichkeit, Poesie und das gesellschaftliche Leben verbinden. Klingt relativ stressig, wenn ihr mich fragt, aber auch ultra-interessant.

Man stand auch krass auf Mythen, Märchen und Sagen. Das alles fand man megageil. Die wurden auch zum ersten Mal gesammelt und es entstand die sogenannte Volkspoesie. Man konzentrierte sich dabei nicht nur auf die deutschen Überlieferungen, also die Brüder Grimm und das alles, sondern auch auf Mythen aus Indien, China, Persien und Skandinavien. Die muss man aber manchmal kritisch lesen, weil diese Mythen oder auch Figuren aus den anderen Kulturen in deutschen Werken (nicht nur in der Romantik, aber da vor allem) gern besonders »gruselig« und unheimlich »anders« dargestellt wurden – und das ist einfach Rassismus, den man da rauslesen kann. Eine deutsche, weiße Faszination für andere, »fremde« Kulturen, die dann aber zufällig meistens nicht gut wegkommen in den Geschichten. Das passiert übrigens bis heute in Filmen, Serien und Büchern. Haltet mal die Augen offen.

Besonders gern ist das Unheimliche und das Grauenerregende ein Thema in Werken, die zur Schauerromantik beziehungsweise Schwarzen Romantik gehören. Wie der Name schon sagt, war hier alles ein bisschen düsterer und creepier als normal. Da ging es dann auch um Natur, das Unendliche und Mythen, aber so, dass einem die Gänsehaut läuft.

Dann gibt es noch die romantische Ironie – ein großer Fave von mir. Romantische Ironie sind einfach sehr, sehr, sehr nerdige Jokes innerhalb eines literarischen Werks. Nerdig deshalb, weil man sich zumindest ein bisschen mit Literatur und den Regeln für Literatur auskennen muss, um sie angemessen lustig zu finden. Der Grundgedanke ist, dass die Person, die das Werk verfasst hat, immer über dem Werk steht. Sie hat also allzeit unter Kontrolle, was passiert, welche Gefühle hervorgerufen werden, welche Bilder entstehen und so weiter. Wenn dann zum Beispiel die Hauptperson eines Romans richtig krass in Gefahr gerät, aber keine Angst hat, weil sie weiß, dass sie als Hauptfigur

nicht mitten im Roman wegstirbt – dann ist das romantische Ironie.

Inhaltlich ist die Romantik fast am einfachsten zu erkennen, finde ich. Also wenn man im Abitur ein Gedicht analysieren muss, hat man in der Romantik leichtes Spiel. Es geht nämlich quasi immer um eines der folgenden Dinge: Sehnsucht, (unterfüllte) Liebe, Nacht, Wanderschaft, das Unendliche, das Unheimliche oder Weltflucht. Wann immer also jemand den Mond anschmachtet, aus dem Fenster einem Wanderer zusieht, sich Gedanken macht, wie unendlich alles eigentlich ist, oder auf Märchen, Sagen und Mythen anspielt: Romantik. Zack. Easy as that.

Was ich auch noch einen spannenden Fact finde, ist, dass während der Romantik die Kindheit erfunden wurde. Das klingt erst mal weird, ergibt aber Sinn. Davor hat man Kinder nämlich eigentlich wie kleine Erwachsene behandelt. Sie hatten zu lernen und/oder zu arbeiten, sobald es ging, damit sie sich nützlich machen konnten. Vor allem auf dem Land (wo die Kindheit an sich dann auch deutlich später ankam) waren Kinder einfach günstige Arbeitskräfte. Aber zur Zeit der Romantik hat man langsam herausgefunden, dass Kinder eben Kinder sind. Dass sie spielen müssen, dass man anders mit ihnen umgehen muss als mit erwachsenen Menschen. Kinder sind nämlich, wenn man Rousseau fragt, das Natürliche und Ungezwungene, sie sind noch nicht vom Menschen verdorben und damit gut. So. Und jetzt ab zu den Werken!

Der Sandmann
(E. T. A. Hoffmann, 1816)

E. T. A. Hoffmann ist der Mann ohne Vornamen. Der ist nirgendwo ausgeschrieben, er hatte drei Namen und anscheinend gefiel ihm keiner davon. Noch besser sogar, E. T. A. steht für Ernst Theodor Amadeus, eigentlich hieß er aber Ernst Theodor Wilhelm. Also hat er einen seiner Namen geändert, nur um ihn dann nie irgendwo hinzuschreiben. Iconic.

Ernst hat eigentlich Jura studiert, wie sein Dad, süß. Nebenbei hat er immer schon geschrieben, musiziert und gezeichnet. Durch und durch Künstler, der Boy. Im Gegensatz zu den meisten anderen Autor*innen hier im Buch war er aber auch noch sehr gut an der Uni. Was Theodor Stoff für sein Schreiben gab, war vor allem am Anfang, dass im 18. Jahrhundert megaviele Geheimbünde gegründet wurden, der Illuminatenorden zum Beispiel. Der ist ja bis heute Stoff für unglaublich viele Werke. Wilhelm hat auf jeden Fall schon erst mal solide gearbeitet, bis er vor die Wahl gestellt wurde, sich entweder Napoleon zu unterwerfen oder Warschau, wo er gearbeitet hat, zu verlassen. Amadeus ist lieber abgedampft und hat beschlossen, dass er jetzt auch Künstler werden kann, wenn eh alles den Bach runtergeht.

Es ging dann leider noch mal mehr den Bach runter, es wollte ihn nämlich niemand anstellen. Sein ganzes restliches Leben ist er immer wieder zwischen verschiedenen kurzen Anstellungen und Geldverdienen mit der Kunst hin und her, so richtig geblieben ist er nirgends, wollte oder konnte nicht. Mal Kapellmeister, mal Autor, mal doch wieder Jurist. Da wundert es mich nicht, dass seine Werke keine Happy-End-Geschichten sind. Und damit sind wir auch schon beim *Sandmann*.

Das Ding ist erst mal ohne Autorennamen veröffentlicht worden, weil geheimnisvoll, und es ist ein Schauerroman – gehört also zu Schauerromantik. Nur dass ihr also Bescheid wisst: Es wird weird, es wird creepy, es wird mehrdeutig, ich hab Bock. Im Nachwort steht sogar extra, dass die Deutung des Romans quasi eine Spezialdisziplin der Literaturwissenschaft ist – es ist sich also niemand ganz einig, was das genau jetzt alles bedeuten soll, was hier passiert. Heißt auch: Wenn ihr überhaupt gar nichts checkt, keine Sorge. Fühlt einfach bissi beim Lesen.

Es geht um den Studenten Nathanael und der ist verlobt mit Clara. *Natal* ist Latein für Geburt, Thanatos ist ein Todesgott aus der griechischen Mythologie. Überzeugende Mischung ... Clara heißt übersetzt die Klare. Hoffmann ist echt die Taylor Swift der Romantik, alles bedeutet immer irgendwas. Der Roman beginnt mit einem Brief, den Nathanael an Lothar schreibt, der zufällig Claras Bruder ist, upsi. Darin beschreibt er sein Kindheitstrauma und das sieht so aus.

Als er klein war, hat sein Dad immer zu ihm gesagt, dass er jetzt ins Bett gehen muss, sonst kommt der Sandmann. Dachte ich mir erst mal: Hä? Das Sandmännchen kommt doch, damit man schlafen kann. Pustet einem aus dem KiKa Sand in die Augen und dann ab in die Heia, mega-sweet, mega-entspannt. Na ja, Nathanaels Vater hat aber immer erzählt, dass der Sandmann kommt und Kindern, die noch nicht schlafen, die Augen ausreißt. Sweet und entspannt. Und wenn der Kleine dann im Bett war, bekam sein Dad oft Besuch von einem gewissen Coppelius und hat mit dem alchemistische Experimente gemacht, die superexplosiv und supergefährlich waren. Bei so einem Experiment ist er dann auch gestorben. Und weil Nathanael diesen Coppelius so creepy fand, war er sich als Kind sicher: Das ist der Sandmann. Der kommt und reißt mir die Augen aus, wenn ich jetzt nicht schlafen gehe. Und exakt den meint Nathanael jetzt wiedergesehen zu haben, nämlich in einem Typ namens Coppola (obvious), der Wettergläser verkauft, also Luftdruckmessgeräte.

Das alles schreibt Nathanael also auf und will es Lothar schicken, schickt es aber aus Versehen Clara – oh nein, jetzt weiß seine Verlobte (!) ja Dinge über ihn. Und die hält das alles für Hirngespinste und meint, er solle seine Fantasie zügeln, das könne alles gar nicht wahr sein. Das will Nathanael sich dann auch einreden. Da hilft es zum Beispiel, dass sein Dozent von der Uni ihm sagt, dass er Coppola schon von früher aus Italien kennt, und Coppelius war ja Deutscher. Kann also alles gar nicht sein, oder?

Der erwähnte Dozent hat übrigens auch eine Tochter, die heißt Olimpia und kommt Nathanael irgendwie komisch vor, aber auch nicht ganz unsympathisch. Merken wir uns mal. Erst da schaltet sich der Erzähler in die Geschichte ein, richtig weird. Am Anfang haben wir also drei Briefe, und dann kommt ein Erzähler, der irgendwie als Person in dieser Geschichte existiert, aber nicht näher beschrieben wird, und die Lesenden direkt anspricht – was ich meistens bissi cringe finde, aber das war da halt modern.

Nathanael kommt von seinen Flashbacks und düsteren Träumen aber nicht mehr los, er redet ständig von einer »höheren Macht« und ist sich sicher, dass Coppelius bzw. Coppola ihre Liebe zerstören wird. Er fantasiert immer mehr von Augen und schreibt noch und nöcher Gedichte, die er dann Clara alle immer vorliest. Irgendwann ist sie davon relativ gelangweilt, woraufhin Nathanael bissi eskaliert und sie ein »lebloses Automat« nennt (früher hieß es noch »das Automat«, nicht »der«). Das ist ja echt ein Ego, das man erst mal hinkriegen muss. Da liest du deiner Verlobten stundenlang deine Gedichte vor und kackst sie an, wenn sie irgendwann keinen Bock mehr hat. Tja, Nathanael, vielleicht sind deine Gedichte einfach nicht so gut, wie du denkst. Da schon mal drüber nachgedacht? Hm?

Clara hat mit ihrem Bruder Lothar darüber geredet, wie Nathanael wegdriftet, und der hat auch die einzige gute Idee dazu: sich mit ihm duellieren. Klar. Das hat noch immer jedes Problem gelöst. Das kann Clara aber grade noch verhindern, was Nathanael als Anlass nimmt, sich sehr dramatisch vor sie hinzuschmeißen und ihr ausführlich seine Liebe zu erklären. Weiß ich jetzt nicht, ob das die richtige Herangehensweise ist, wenn deine Verlobte dich eh schon für dramatic und eine Labertasche hält, aber gut, hier hat es funktioniert, Clara ist besänftigt.

Als Nathanael dann wieder in seine Wohnung kommt, ist die komplett ausgebrannt. Er kann aber gegenüber von seinem Dozenten einziehen. Und wer lungert da im Hausgang rum und verkauft seinen Shit? Richtig, Coppola. Davon ist Nathanael so überfordert, dass er aus Schock erst mal ein Perspektiv, also ein Fernrohr, kauft. Passiert mir auch öfter. Praktisch aber, dass er das jetzt hat, jetzt kann er nämlich den lieben langen Tag Olimpia stalken, die Tochter des Dozenten, remember? – das spricht ja auch sehr für seine Liebe zu Clara.

Dabei macht Olimpia eigentlich nicht viel. Genauer gesagt: gar nichts. Sie sitzt einfach rum. Die ganze Zeit. Und sie schaut zu Nathanael rüber, ohne irgendeine Reaktion zu zeigen. Das findet der natürlich total hot und interessant und ist so verzaubert von ihr, dass er komplett vergisst, dass er eigentlich verlobt ist. Passiert. Auf einem Ball tanzt er dann mit Olimpia und sie küssen sich sogar – also will Nathanael *sie* jetzt heiraten, klar. Er findet nämlich auch, dass sie eine total gute Zuhörerin ist. Egal, wie lange er ihr seine selbst geschriebenen Gedichte vorliest, sie antwortet immer nur »Ach, ach«, und das findet er ultra-cute. Damit ist sie für Nathanael die perfekte Frau und das genaue Gegenteil von Clara, die eigene Gedanken und Meinungen hat. Und das als Frau!? Frech.

Als er dann zum Dozenten geht, um ihn zu fragen, ob

das klargeht mit der Hochzeit, platzt er mitten in einen Kampf zwischen ihm und Coppola – in dem es auch um Olimpia geht. Die beiden kloppen sich richtig. Coppola haut dann mit Olimpia ab, aber ihre Augen liegen im Blut ihres Vaters und spätestens da wird zumindest den Lesenden klar: Olimpia ist kein Mensch, sie ist ein Automat.

Nathanael checkt jetzt auf jeden Fall auch, dass irgendwas überhaupt nicht in Ordnung ist, flippt komplett aus und bringt den Dozenten fast um, dafür kommt er ins Tollhaus, also so 'ne Art Psychiatrie. »Toll« war nämlich früher ein anders Wort für »verrückt«, war also negativ besetzt. Deshalb ist die Tollkirsche zwar lecker, aber auch giftig. Nur als kleiner Fun Fact. Der Erzähler berichtet dann noch, dass der Dozent wegen Olimpia entlassen worden ist und Coppola verschwunden, dann gibt's 'nen kleinen Zeitsprung.

Nathanael ist wieder raus und will jetzt doch lieber Clara heiraten und mit ihr aufs Land ziehen. Warum auch immer sie da immer noch am Start ist, wie viele Red Flags kann man ignorieren, na ja. Als cute Date-Idee gehen die beiden auf den Rathausturm, gemeinsam mit Lothar, dem alten Third Wheeler, um die Aussicht zu genießen, da entdeckt Clara einen Busch, der aussieht, als würde er näher kommen. Nathanael holt sein Fernglas aus der Tasche und entdeckt Coppola bzw. Coppelius in dem Busch – und flippt wieder komplett aus. Er will sich vom Turm stürzen, Lothar kann ihn grad noch so aufhalten. Coppelius schreit dann von unten hoch, dass Nathanael da schon noch von selbst runterkommen wird, und behält recht, als der sich mit den Worten »sköne Oke« vom

Turm stürzt – was »schöne Augen« heißt. Zum Schluss kommentiert der Erzähler nur noch, dass Clara wohl einen anderen Mann geheiratet und Kinder von ihm hat und endlich das Leben bekommen hat, das Nathanael ihr nicht hätte geben können.

Es geht also viel um Mensch-Maschine-Struggle, um Kritik an Wissenschaft und der Aufklärungsgesellschaft und, wie sofort ins Auge sticht – um Augen. Den Joke habe ich aus dem Referat meiner Freundin aus der 10. Klasse geklaut, danke dafür. Wenn ihr also mal richtig verwirrt werden wollt: Gönnt euch den *Sandmann*, es macht Spaß! Also, find ich zumindest.

Aus dem Leben eines Taugenichts

(Joseph von Eichendorff, 1826)

Josef von Eichendorff ist einer der berühmtesten Romantiker überhaupt. Wer Abitur hat, hat bestimmt mindestens ein Gedicht von ihm analysieren müssen, ich rate mal frech: *Sehnsucht* oder *Mondnacht*. Er ist vor allem für seine Gedichte bekannt, aber das ist eben nicht alles, was er geschrieben hat: *Aus dem Leben eines Taugenichts* ist nämlich Prosa. Josef war aus einem Adelsgeschlecht, also Geldsorgen hatte er schon mal nicht. Er hat immer schön Geld von seinem Dad bekommen. Auch wenn er zwischendurch mal Jura studiert und gearbeitet hat, war er aber zwischendurch einfach mal nur mit Auf-Bälle-Gehen und Jagengehen beschäftigt, what a life: Tagsüber Wildschweine hunten und abends die Girls. Da hat man natürlich auch Zeit und Lust, noch und nöcher romantische Gedichte zu schreiben. Die kamen bestimmt gut an.

Im Gegensatz zu vielen anderen romantischen Dichter*innen lassen sich in Eichendorffs Werk übrigens keine nationalistische und auch keine antisemitische Denke finden. Die Bilder und Worte, die er in seinen Stücken findet, sind relativ einfach, wenn auch die Deutung vielschichtig ist – das muss man erst mal hinkriegen, echt. Vor allem seine Gedichte sollten nicht zu irgendwas nütze, sondern einfach nur schön sein. Und das sind sie auch.

Aus dem Leben eines Taugenichts ist eine Novelle, der Peak der deutschen Spätromantik. Es geht um den Sohn eines Müllers, der, wer hätte es gedacht, ein Taugenichts ist und deshalb von seiner Mutter fortgeschickt wird. Das findet der Boy aber gar nicht schlimm, packt seine Geige ein und marschiert einfach mal drauflos. Dann kommt das erste Abenteuer. Zwei Damen, die seine Musik schön finden, nehmen ihn mit auf ihr Schloss in der Nähe von Wien, wo er als Gärtner eingestellt wird. Er wird sogar zum Zolleinnehmer befördert und will gar nicht mehr weiterreisen. Aber dann sieht er das Mädchen, in das er sich verliebt hat, mit einem Offizier und haut ab. Und das ist eigentlich auch schon das Muster der ganzen Geschichte: Er hat Glück, kommt irgendwohin, dann passiert etwas oder er baut Scheiße, und er haut wieder ab. Also weiter geht's!

Unser Taugenichts will nach Italien, auf dem Weg hält er bei einem Wirtshaus an. Dort will ein Mädchen ihn überreden, zu bleiben und als Musiker zu arbeiten, aber das reicht ihm nicht: Er will nach Italien und es dort in die Adelsgesellschaft schaffen. Das trifft sich gut, als zwei Typen auftauchen, die auch dorthin unterwegs sind. Denen schließt er sich an. Sie stellen sich als Maler Guido und Leonhard vor. Eines morgens sind sie aber weg, nur ein Geldbeutel ist noch da. Also packt der Taugenichts den ein und reist alleine weiter, zack. Er landet dann wieder auf einem Schloss, wo er von einem Ehepaar aufgenommen und fürstlich behandelt wird. Eines Tages kriegt er dann einen Brief von seiner Angebeteten aus Wien: Aurelie. Sie sagt, er müsse zurückkommen und dass sie es nicht ohne ihn aushält – und der Taugenichts haut sofort ab und will zu ihr.

Er kennt sich aber nicht aus und landet in Rom. Dort meint er zwar, Aurelie überall zu sehen und zu hören, aber er findet sie nicht. Dafür lernt er einen Maler kennen. Der zeigt ihm Bilder von unter anderem Guido Reni und Leonardo da Vinci – da freut sich der Taugenichts, weil er denkt, die beiden zu kennen. Das fand ich sehr funny, bin ich ehrlich.

Später hört er in einem Garten ein Paar streiten und es ist die Kammerjungfer aus dem Schloss nahe Wien. Sie steckt ihm einen Zettel zu, auf dem steht, dass eine schöne junge Gräfin ihn treffen will. Fest überzeugt, dass es Aurelie ist, stimmt er zu, aber es ist leider jemand anders, also reist er enttäuscht weiter nach Deutschland.

Auf dem Weg trifft er drei Prager Studenten, die auch auf Wanderschaft sind und sich mit Blasmusik ihr Geld verdienen. Allerdings kann es gut sein, dass sie Geld bekommen, damit sie aufhören zu spielen, gut sind sie nämlich nicht. Einer von den dreien erzählt, dass sein Vetter, also sein Cousin, auf einem Schloss nicht weit von Wien Portier ist und Fagott spielt. Da erkennt der Taugenichts »sein« Schloss wieder und die drei machen sich miteinander auf den Weg dorthin. Es soll dort wohl nämlich bald eine Hochzeit geben, und der Taugenichts ist sich sicher, dass es seine und Aurelies sein wird. Klar, was auch sonst. May your delulu become your trululu, Taugenichts.

Die drei kommen dann am Schloss an, und der Taugenichts hört die Stimme von Guido, dem Maler, und da ist auch Leonhard! Was ein Zufall. Außerdem ist da auch Aurelie! Die aber fängt an zu schreien, als sie den Taugenichts sieht. Und jetzt kommt der Riesen-Plottwist, Obacht: Guido ist eigentlich der Graf des Schlosses. Und Leonhard ist seine Geliebte Flora. Die beiden haben sich als Maler verkleidet und sind abgehauen, weil Guidos Eltern ihre Liebe nicht erlaubt haben. Dann sind sie aber verfolgt worden, deswegen haben sie sich in der Nacht davongemacht und den Taugenichts allein gelassen.

Der Brief, den Aurelie geschrieben hat, war auch gar nicht an den Taugenichts – woher hätte die auch wissen sollen, wo er ist. Der Brief war einfach ein Freundschaftsbrief an die Herrin des Schlosses. Megalol.

Und, der Kicker: Aurelie ist gar keine Adlige. Sie ist die Nichte des Portiers, der sie aufgenommen hatte, weil sie eine Waise ist. Die Gräfin hat sie dann aber als Pflegetochter aufgenommen. Und dann kommt das perfekte Ende: eine Doppelhochzeit! Guido und Flora, Taugenichts und Aurelie. Und zack, ist der Sohn eines Müllers ein Adliger geworden, kriegt zur Hochzeit ein Schloss samt Garten und Weinberg geschenkt und muss nie wieder irgendwas arbeiten. Romantischer geht's kaum.

Ich fand die Novelle wirklich lustig zu lesen und auch sprachlich nicht so anstrengend wie viele andere Werke. Wir haben einen personalen Ich-Erzähler, auf den man zwischendurch auch mal sauer werden kann, weil es ihm so einfach gemacht wird. Und wir haben immer wieder mal Lieder und Gedichte, die auch Spaß machen. Es liest sich wie ein Märchen und ist einfach sweet.

Ganz im Sinne der Romantik haben wir als Kern von allem das Wandermotiv. Einerseits wird unser Taugenichts gezwungen zu wandern, als seine Mutter ihn rausschmeißt. Allerdings passt ihm das auch, denn er will nach Italien und er will raus in die Welt. Selbst wenn er manchmal gut bleiben könnte, reist er doch noch weiter. Fernweh ist mir privat völlig fremd, aber wenn ich mich daran erinnere, wie viele Boys auf Tinder davon träumen, sich einen Van auszubauen und durch die Welt zu fahren, steh ich damit wohl relativ alleine da. Also an alle Fernweh-Mäuse: Das ist eure Novelle, viel Spaß damit.

Die Günderode
(Bettina von Arnim, 1840)

Die Günderode ist wirklich ein ganz, ganz, ganz besonderes Werk, und ich freue mich wahnsinnig, dass ich es hier besprechen darf. Bettina von Arnim, geborene Brentano, hat geschrieben, gezeichnet, komponiert und war schon zu Lebzeiten eine wichtige Romantikerin. Der Name Brentano sagt euch vielleicht eh was, Bettinas Bruder Clemens war nämlich auch ein berühmter Romantiker, genauso wie Achim von Arnim, Bettinas Ehemann. Sie hat mit ihrem Bruder und ihrem Mann zum Beispiel *Des Knaben Wunderhorn* herausgegeben und war auch sonst viel beteiligt an dem, was die beiden so geschrieben haben. Dieses Kapitel wird ein bisschen anders sein als die anderen, weil das Werk auch ein bisschen anders ist als die meisten anderen, aber starten wir von vorne.

Bettina hatte elf Geschwister, und ihre Mutter, Maximiliane La Roche, ist die Tochter von Sophie von La Roche – ihr erinnert euch? Wie geil ist es? Geldsorgen gab es keine, die Familie war superreich. Maximiliane starb früh, also wohnte Bettina erst in einem Kloster, dann bei ihrer Oma und zwischendurch bei einer ihrer Schwestern.

Mit ihrem Mann hatte sie ein, wie ich finde, recht modernes Beziehungsmodell, sie lebte nämlich die meiste Zeit in Berlin, während er ihr gemeinsames Gut bewirtschaftete. Trotzdem hatten die beiden sieben Kinder, von denen zwei Freimund hießen. Lieb ich. Nach 20 Jahren Ehe starb Achim ganz plötzlich. Und so traurig das ist, hatte man damals als Witwe doch ganz andere Möglichkeiten als als unverheiratete oder verheiratete Frau. Jetzt konnte Bettina nämlich komplett für sich selbst arbeiten statt für ihren Mann. Sie hat nicht nur wirklich einen ganzen Haufen Kunst gemacht, sondern war auch sozial engagiert.

Bekannt ist Bettina heute noch durch verschiedene Briefwechsel: mit Goethe, Beethoven und Karoline von Günderrode – der Titelheldin dieses Kapitels. Sie war außerdem mit ungefähr allen wichtigen Leuten befreundet, die es damals gab: Ludwig Tieck, Wilhelm und Jacob Grimm, Felix Mendelssohn-Bartholdy, Johannes Brahms, Robert Schumann und ewig so weiter. Ihre Briefwechsel sind so berühmt, weil sie sie bearbeitet und dann herausgegeben hat, was eine ganz eigene Form der Literatur ist, finde ich.

Ihr Briefwechsel mit Goethe kam über seine Mutter zustande. Er selbst hat auf die Briefe, ja, Plural, erst nicht geantwortet, der Arsch. Aber dann haben sie sich kennengelernt und er fand sie wohl doch ganz cool. Die Briefe sind jetzt als *Goethes Briefwechsel mit einem Kinde* bekannt. Bettina hat sich allerdings irgendwann mit Johanns Frau Christiane gestritten und der Kontakt brach ab – obwohl Bettina sich in einigen Briefen noch entschuldigt hat.

Jetzt aber zu Karoline Friederike Louise Maximiliane von Günderrode. Auch sie war eine Dichterin der Romantik und sehr bekannt. Mit 24 hat sie ihr erstes Werk *Gedichte und Phantasien* unter dem Pseudonym Tian herausgebracht – und Goethe und Brentano zum Beispiel waren überrascht und begeistert. Schnell nannte man sie die »Sappho der Romantik« – Sappho ist die wichtigste Lyrikerin der Antike, die kommt auch im Gedicht von Sybilla Schwarz schon vor, wenn ihr euch erinnert. Ein paar fanden, Günderrode schreibe zu männlich, zu doll, was ich heute nur als Kompliment lesen kann.

Und jetzt kommt die Tragödie: Karoline hat Friedrich Creuzer kennengelernt, sie haben sich komplett verliebt, aber er war verheiratet. Sie schworen sich ewige Liebe, konnten aber natürlich nicht heiraten – wobei, das wollte Karoline eigentlich eh nicht. Friedrich schlug sogar vor, dass sie einfach zu dritt zusammenleben könnten, aber davon waren beide Frauen so gar nicht begeistert. Man ist sich in der Forschung nicht ganz einig, ob Friedrich wirklich so leben wollte oder ob er einfach nur zu feige war, sich von seiner Frau zu trennen. Er verlegte aber auf jeden Fall viele von Karolines Gedichten.

Friedrich wurde dann schwer krank und versprach seiner Frau, die ihn pflegte, dass er sich von Karoline trennen würde. Die hatte sich schon einen Dolch zugelegt, als ihre Schwester Charlotte gestorben war. Sie hat sich sogar von einem Chirurgen beraten lassen, wie sie sich richtig erstechen muss – und dann hat sie es getan.

Obwohl die Brieffreundschaft mit Bettina nicht ganz bis zu ihrem Tod reichte – Friedrich mochte die Brentanos nicht –, sind die bearbeiteten Briefe Bettinas Weg, mit

dem Selbstmord ihrer Freundin umzugehen. Und die ganzen Hintergründe zu wissen, ist fast wichtiger als eine Zusammenfassung des Werkes, weil es sich so stark mit dem deckt, was wirklich passiert ist. Wenn man also sonst immer warnt, dass man lyrisches Ich und Autor*in nicht in einen Topf schmeißen darf, ist das hier durchaus erlaubt.

Was wir mit *Die Günderode* nämlich haben, sind eine Biografie und eine Autobiografie zusammengefasst. Bettina, die ihre Briefe mit »Bettine« unterschreibt, weil sie so auch genannt wurde, nennt Karoline »lieben Widerhall«. Das zeigt die besondere Beziehung zwischen den beiden. Sie vergewissern sich ihrer selbst, indem sie sich schreiben. Wie man eben unter Freund*innen manchmal nachfragt, ob dies und jenes »normal« ist. Oder zusammen eine Nachricht an das nächste Tinder-Date formuliert.

Karoline ist nach damaligen Standards auf jeden Fall die vernünftigere von beiden. Bettina wird immer wieder als »koboldhaftes Wesen« beschrieben, wie frisch aus einer Shakespeare-Komödie geschlüpft. »Ich soll Dein faselig Wesen zur Besonnenheit bringen«, schreibt Karoline ihr, und dass selbst sie das nicht schafft, »ich mache mir selber Vorwürfe und kann doch nach allem Überlegen zu keinem besseren Resultat kommen als eben Dich ganz Dir selber zu überlassen.« Klassischer Fall von: Girl, da kann ich dir jetzt auch nicht mehr helfen.

Bettina hielt nicht viel von Ordnung und Disziplin, aber dafür viel von Ehrlichkeit und davon, anderen mitzuteilen, wie man empfindet. Und das lässt sich aus ihren Briefen wunderbar rauslesen. Es geht wirklich gar nicht so sehr darum, was sie erzählt, es geht darum, *wie* sie es erzählt. Um ihre Auffassungsgabe, ihre Sprache, ihre Weltsicht. Es macht einfach Spaß, den beiden Freundinnen beim Leben zuschauen zu dürfen.

Teilweise lesen sich Bettinas Briefe fast wie Sprachnachrichten, in denen man irgendwann vergessen hat, dass man aufnimmt, und Sachen erzählt, die mit dem eigentlichen Anlass der Nachricht gar nichts mehr zu tun haben. Das sagt sie sogar selber: »Sei nachsichtig gegen mich, ich muß dir alles zurufen lieber Widerhall keine Sorge um mich wenn Dirs nicht wie gesunder Menschenverstand vorkommt« – Satzzeichen waren nicht so ihr Ding, wie man sieht. Sie schreibt, wie sie spricht, oft in direkter Rede, oft sprunghaft und ein bisschen zu schnell, und ich liebe es einfach.

Das Briefbuch hat auch fast etwas queeres. Bettina schreibt sich selbst nämlich immer wieder eine männliche Rolle zu. Sagt, sie wäre lieber ein Knabe, und auch Karoline nennt sie manchmal ihren älteren Bruder. Hier ist natürlich im Nachhinein nicht zu sagen, ob Bettina nur aus den Rollenvorstellungen einer Frau ausbrechen wollte oder aus dem Frausein selbst. Aber jedenfalls sind sich die beiden Freundinnen in dieser einen Sache sicher: Sie hassen die gesellschaftlichen Zwänge, vor allem die, denen man als Frau unterliegt. Sie wollen ausbrechen, aufbegehren, sie wollen mehr, als sie wollen sollen und dürfen. Das zu lesen, tut gleichzeitig unglaublich weh und ist auch heilsam, finde ich. Aua, weil man sieht, wie lange Frauen schon leiden und wie starr und binär die Gesellschaft immer noch ist, aber auch schön, weil man sich verstanden fühlt.

Insgesamt sind die Briefe mit das Ehrlichste, Herzzerreißendste und Schönste, was ich je gelesen habe. Und es gibt sie online, ganz umsonst. Also lest mal rein und lasst euch widerhallen.

HOW TO LITERATURANALYSE

Literatur zu analysieren kann sehr angsteinflößend sein. Vor allem, wenn der Text älter als alles ist, was man kennt, und die Sprache nur noch schwierig als Deutsch zu erkennen ist. Ich hätte da aber ein paar kleine Tipps für euch, die ich hilfreich fand.

Das Wichtigste gleich vorweg: Das lyrische Ich, die Figuren in einem Drama oder auch die Erzählstimme in einem epischen Text sind nicht die Person, die das Werk geschrieben hat. Nie. Außer es ist eine Autobiografie, und das würde man euch deutlich sagen. Ansonsten gilt: Vorsicht, nicht verwechseln.

Die Abfolge bei einer Literaturanalyse ist auch immer gleich, egal welches Genre: Erst kommt der Inhalt – der wird zusammen mit dem Aufbau abgehandelt. Soll heißen, dass ihr nicht nur wiederkäut, was in dem Werk so passiert, sondern auch, wie es das tut. Was in welchem Kapitel / welcher Strophe / welcher Szene. Also wie die Abfolge in dem Werk ist. Was ihr aber nicht müsst, ist Spannung erzeugen. Spoilert alles raus, was wichtig zu wissen ist. Das ist meistens der einfachere Teil.

Was mehr Probleme bereitet, ist die formale und sprachliche Analyse, die danach kommt. Wenn man zum Beispiel ein Gedicht analysieren soll, ist es wichtig, dass ihr alles, was euch an der Form des Gedichts auffällt, inhaltlich begründen könnt – ansonsten lasst es lieber weg. Wenn also an einer Stelle das Metrum anders ist als im ganzen Rest, wenn ein einziger Reim unrein ist, wenn es Enjambements gibt oder irgendwie so was, dann muss das einen Grund haben, und den müsst ihr rausfinden. Ihr könnt euch sicher sein, dass in einem Gedicht nichts »aus Versehen« steht. Genauso ist es bei den rhetorischen Mitteln. Die kommen nie an einer Stelle, wo es sie nicht braucht, sondern sollen etwas hervorheben, etwas betonen, sagen »Hallo hier, das ist wichtig«. Ihr sollt also nicht nur erkennen, was da ist, sondern auch checken, wieso es da ist.

Bei Szenen in einem Drama ist es ähnlich – außer vielleicht beim Absurden Theater, und selbst da hat die Grundlosigkeit einen Grund, aber das müsst ihr hoffentlich eh nicht analysieren. Ganz allgemein kann man sagen, jede Szene in einem Stück hat ihren Grund. Meistens wird die Handlung irgendwie vorangetrieben, das ist dann easy. Aber manchmal, bei einem Monolog zum Beispiel, müsst ihr euch fragen: Was bringt den Zuschauenden diese Szene? Lernen sie eine Figur besser kennen? Werden Zusammenhänge erklärt? Wird eine Entscheidung genauer dargestellt? Im Vergleich zum Gedicht muss nicht jedem einzelnen Wort eine krasse Bedeutung beigemessen werden, aber der Szene als Ganzes auf jeden Fall.

Wenn ihr eine Figurencharakteristik in einem epischen Text erstellen sollt, könnt ihr euch auf verschiedene Dinge stützen. Erst mal muss man schauen, ob die Figur und der Erzähler dieselbe Person sind. Weil's ja was anderes ist, ob ich sage, ich bin superfunny, oder ob das jemand anderes über mich sagt. Wir arbeiten uns dann von außen nach innen. Wie sieht die Person aus? Was hat sie an? Wie heißt sie? Wo kommt sie her? Vielleicht weiß man was über ihre Familie oder Friends? Spätestens an dem Punkt, wo man sich damit auseinandersetzt, wie die Person auf andere (oder auf den Erzähler) wirkt, muss man darauf achten, was für eine Haltung der Erzähler der Person gegenüber hat. Vielleicht ist er ja in sie verliebt oder hasst sie total? Dann sind die Äußerungen natürlich nicht neutral. Und dann geht's weiter mit Gefühlen, Beziehungen, eventuell Träumen oder Zielen und was wir sonst noch so rauskriegen über die Figur. Alles das kann man unterscheiden in innere und äußere Charakterisierung. Innere ist das, was die Person selbst über sich sagt. Das ist natürlich besonders viel, wenn sie die Geschichte auch erzählt. Äußere ist das, was wir anderweitig über sie erfahren. Das kann auch manchmal nicht zusammenpassen, was ich immer besonders spannend finde.

Wie jetzt eine Literaturanalyse genau aussieht, ist leider von Bundesland zu Bundesland so unterschiedlich, dass ich immer was Falsches sagen würde, egal was ich sage. Deshalb hoffe ich, dass diese kleinen Tipps euch weiterhelfen. Ihr kriegt das hin! Ich glaub an euch!

DAS KLEINE WÖRTERBUCH DES DEUTSCHUNTERRICHTS

Für die Analyse und Interpretation von literarischen Werken braucht man wirklich viele Fachbegriffe. Deshalb schreib euch hier mal die Basics zusammen, damit ihr während des Lesens (oder wann auch immer) easy nachschlagen könnt. Dann müsst ihr nicht das Handy rausholen, googeln und dann aus Versehen 2 bis 8 Stunden im Internet rumhängen. Ich kenn uns doch.

Lyrik

Metrum

- Jambus: unbetont-betont (JamBUS)
- Trochäus: betont-unbetont (TROCHäus)
- Daktylus: betont-unbetont-unbetont (DAKtylus)
- Anapäst: unbetont-unbetont-betont (AnaPÄST)

Reim

- Kreuzreim: abab
- Paarreim: aabb
- Umarmender Reim: abba
- Schweifreim: aba cca (zum Beispiel)
- Binnenreim: Reim innerhalb eines Verses

Kadenz

- männlich/stumpf: einsilbiges, betontes Reimwort
- weiblich/klingend: Reimwort aus betonter und unbetonter Silbe, die letzte Silbe ist unbetont

Versformen

- Alexandriner: sechshebiger Jambus mit Pause (Zäsur) in der Mitte
- Blankvers: fünfhebiger Jambus ohne Reim

Drama

Arten von Dramen

- Tragödie: Ernst, zum Schluss ist jemand tot, meistens adliges Personal – z. B. *Panthea*
- Komödie: Funny, meistens niemand tot, dafür oft eine Hochzeit am Schluss, normale Leute – z. B. *Der Biberpelz*
- Tragikomödie: Beides gleichzeitig! Fun. Z. B. *Der Besuch der alten Dame*
- Bürgerliches Trauerspiel: Tragödie, aber nicht alle sind adlig – z. B. *Miss Sara Sampson*
- Aristotelisches/klassisches Drama: 5 Akte, Blankvers, Einheit der Zeit, des Ortes und der Handlung

Redebeiträge

- Dialog: Zwei oder mehrere Leute sprechen miteinander.
- Monolog: Eine Figur spricht mit sich selbst.
- Beiseitesprechen: Jemand sagt etwas zum Publikum, was der Rest auf der Bühne nicht hört.
- Mauerschau: Oh mein Gott! Schau! Da passiert grade was direkt vor meinen Augen und das beschreibe ich jetzt!
- Botenbericht: Oh mein Gott! Es ist grade was passiert und davon erzähl ich dir jetzt!

Epik

Erzählperspektive

- personal: Aus Sicht einer Person, man erfährt nur, was die Person auch weiß, Person ist Teil der Geschichte, erzählt wird in der 3. Person (er/sie) oder in der 1. (ich)
- auktorial: Weiß alles, erzählt in der 3. Person, ist nicht Teil der Handlung
- neutral: Weiß nur, was man von außen beobachten kann, erzählt in der 3. Person, ist nicht Teil der Geschichte

Figurenrede:

- Direkte Rede: Wörtliche Rede mit Anführungszeichen: »Ich fahre Bus.«

- Indirekte Rede: Oft im Konjunktiv: Sie sagte, sie fahre Bus.
- Erlebte Rede: Mischform aus direkter und indirekter Rede: Sie wollte unbedingt Busfahren.
- Innerer Monolog: Gedanken und Gefühle einer Figur werden durch die Figur selbst wiedergegeben.
- Bewusstseinsstrom: Art des Monologs, bei dem alles schnell aneinandergereiht ist, oft keine Zeichensetzung

Zeit

- Erzählzeit: Zeit, die ich brauche, um den Text zu lesen
- Erzählte Zeit: Zeit, die in der Geschichte vergeht
- Zeitdeckung: Ich lese 10 Minuten, in der Geschichte vergehen 10 Minuten.
- Zeitdehnung: Ich lese 10 Minuten, in der Geschichte vergeht 1 Minute.
- Zeitraffung: Ich lese 1 Minute, in der Geschichte vergehen 100 Jahre.

DAS WAR'S FÜR HEUTE!

Ich freu mich wahnsinnig, dass ich euch einen kleinen Einblick in einen kleinen Teil der deutschen Literaturgeschichte geben durfte. Da gibt es natürlich noch viel mehr, über das ich gern rumnerden würde, aber irgendwo muss man ja anfangen und irgendwo muss man ja aufhören, nicht?

Worauf ich jedenfalls hinauswollte, ist eigentlich eine Sache: Ich bin mir komplett sicher, dass in jedem dieser Werke – und in noch ganz vielen weiteren – Themen stecken, die uns anfassen. Egal, wie alt die Werke sind und wie jung wir – beziehungsweise ihr. Ich bin mal ehrlich, ich kratz an der 30, für Kinder unter 12 könnte ich genauso gut 60 sein.

Die Sprache von Klassikern ist oft sehr weit weg von uns, genauso wie gesellschaftliche Regeln oder bestimmte Denkweisen, aber meine liebste Definition eines Klassikers ist, dass manche Werke nicht aufhören zu sagen, was sie zu sagen haben. Weil es einfach um menschliche Probleme, Gefühle oder Entscheidungen geht, die uns alle was angehen. Und wenn ich es geschafft habe, dass dieser kleine Teil hinter all den geschwollenen Reden und Schwertkämpfen zu euch durchgedrungen ist, dann habe ich schon alles erreicht, was ich wollte. Wenn ich dann noch ein bisschen verständlich machen könnte, dass unser

Literaturkanon kein starres Ding ist, sondern verändert und erweitert werden kann – umso besser!

Außerdem: Ihr habt ein ganzes Buch gelesen! Könnt ihr es glauben? Herzlichen Glückwusch. Jetzt ab aber schnell vor euer Handy, wo ihr hingehört.

DANKSAGUNG

Ich bedanke mich bei Rebecca und Veronika vom Carlsen Verlag, für all euer Vertrauen, euer Verständnis und eure Hilfe. Schreiben ist nicht immer leicht, wenn die mental health nicht tut, was sie soll, aber ich hatte das Gefühl, bei euch hervorragend aufgehoben zu sein. Danke auch an Melanie und Valentina und an die ganze Agentur Zweigold, die auch so gut auf mich aufpassen, wie sie können.

Danke an meine ganze Gang, mein Zuhause: Lara (die »But make it classy« als Titel erfunden hat – du Geile, danke!), Lena, Tini, Dine, Gio und Feli – und natürlich Captain Hook. Und danke an alle aus dem Internet und auch sonst, die sich dafür interessieren, was ich so treibe, und mir den schönsten Job der Welt geschenkt haben.